国家重点研发计划主动健康和老龄化科技应对重点专项资助（2020
民政部政策理论研究部级课题资助（MCA20201071）
河南省教育厅人文社会科学研究项目资助（2021-ZZJH-413）

U0593205

中国基本养老保险政府责任
定位研究

Research on Government Responsibility Position of
Basic Endowment Insurance in China

高荣／著

经济管理出版社
ECONOMY & MANAGEMENT PUBLISHING HOUSE

图书在版编目（CIP）数据

中国基本养老保险政府责任定位研究 / 高荣著 .—北京：经济管理出版社，2020.11

ISBN 978-7-5096-7419-2

Ⅰ .①中… Ⅱ .①高… Ⅲ .①养老保险制度—政府职能—研究—中国Ⅳ .① F842.67

中国版本图书馆 CIP 数据核字（2020）第 233123 号

组稿编辑：杨国强

责任编辑：白　毅

责任印制：黄章平

责任校对：董杉珊

出版发行：经济管理出版社

（北京市海淀区北蜂窝 8 号中雅大厦 A 座 11 层　100038）

网　　址：www.E-mp.com.cn

电　　话：（010）51915602

印　　刷：北京晨旭印刷厂

经　　销：新华书店

开　　本：710mm×1000mm/16

印　　张：14

字　　数：175 千字

版　　次：2020 年 12 月第 1 版　　2020 年 12 月第 1 次印刷

书　　号：ISBN 978-7-5096-7419-2

定　　价：98.00 元

前　言

老有所养是人类社会不懈追求的理想状态，也是政府重要的社会保障责任。

随着人口老龄化的日益严峻与家庭养老保障功能的弱化，世界各国养老保险制度普遍陷入老龄化危机，全球掀起养老保险领域的改革浪潮，这进一步引发了有关政府责任定位的争论。中国是人口大国，当前正面临着"银发"浪潮的冲击，如何合理定位基本养老保险中的政府责任，对于深化养老保险制度改革，构建和谐社会与建设幸福中国意义重大。

本书按照"提出问题—构建框架—实证分析—政策建议"的逻辑思路，进行各章节设计，共分为六个章节，概括为四个部分：

第一部分，绪论。概要介绍研究缘起与意义、文献综述、研究目标与思路、研究内容与方法、创新意图与局限等内容。

第二部分，构建理论分析框架。首先，依据公共物品理论，认为基本养老保险具有准公共物品属性，政府是基本养老保险中的重要责任主体，但并不是唯一的提供者；其次，依据责任政府理论，将中国基本养老保险政府责任构成要素界定为制度设计责任、财政供给责任、组织实施责任、监督管理责任四个要素。据此建构基本养老保险政府责任定位的分析框架，为本书提供理论支撑。

第三部分，实证分析。首先，对中国基本养老保险政府责任定位进行反思。中国基本养老保险中的政府责任定位经历了从"包揽"到"逐步淡出"再到"尝试理性回归"的过程，发现当前阶段存在顶层设计责任缺位、财政供给责任差异、组织实施责任被动、监督管理责任分散的问题，需要深化养老保险制度改革。其次，对中国基本养老保险政府责任定位的影响因子进行分析。根据影响因子识别的依据与原则，从经济发展、财政能力、人口结构、制度环境识别提炼出12个变量进行实证检验，为合理定位中国基本养老保险中的政府责任提供科学依据。

第四部分，政策建议。一是制度设计责任目标定位于城乡一体化，以"底线公平"理念设计国民年金制度，构建多支柱养老保险制度来满足不同层次的养老需求；二是财政供给责任目标定位从差异化走向适度统一，政府承担有限的财政供给责任，财政供给比重为10%，多渠道化解转制成本；三是组织实施责任目标定位于建设责任型与服务型政府，从被动实施转变为主动服务，采用垂直管理模式，科学定位经办组织性质；四是监督管理责任目标定位于从多头监管到多元共治，用适度集中的监管模式代替权责分散的监管模式。

本书的主要特色有以下三点：

第一，依据责任政府理论、公共物品理论构建基本养老保险政府责任定位的理论分析框架，将政府责任构成要素界定为制度设计责任、财政供给责任、组织实施责任、监督管理责任。运用系统分析法构建政府责任构成要素的分析框架，厘清各责任要素之间的内在关联性，四个责任要素相互契合，形成逻辑严密的有机统一体，共同发挥基本养老保险政府责任定位的整体性效能。

第二，基本养老保险政府责任定位是一个复杂而多维的过程，诸多影响因子相互交织，通过不同机理对其产生复杂的影响。本书梳理已有研究成果中的重要观点，以理论基础与现实问题作为识别依据，遵循科学性、综合性、可操作性的识别原则，从经济发展、财政能力、人口结构、制度环境识别与提炼 12 个变量，构建影响因子的理论模型并采用主成分分析法，运用 SPSS Statitsics 21.0 与 Eviews 6.0 软件，对 12 个变量进行适合性检验、参数估计等计量研究，实证结果表明：经济稳定发展与增强财政保障能力是中国基本养老保险政府责任定位的重要条件与保障；缓解人口老龄化、提高城镇化水平、扩大制度覆盖面对于中国基本养老保险政府责任定位具有重要的促进意义；制度内赡养比过高、财政补贴压力过重、城乡收入差距是制约中国基本养老保险政府责任定位的重要屏障。

第三，根据城镇企业职工基本养老保险、机关事业单位养老保险、城乡居民基本养老保险三种制度资金来源的同源性，建议每年从财政收入中拿出 4% 的补贴作为国民年金的资金来源，以最低生活保障线设置待遇水平，保障"底线公平"，对于解决基本养老保险制度"碎片化"问题，促进基本养老保险城乡一体化建设具有应用价值。

时隔近三年，博士论文终将出版，对我而言，既是十多年求学生涯的一次总结，也是未来研究工作的起点。"饮其流者怀其源，学其成时念吾师。"感谢我的恩师霍海燕教授，亦师亦母，无论是做学问还是为人，都给予我悉心的指导和帮助，让我对学术的思考、对事物的看法、对人生的态度都有更为深刻的理解，令我受益终生，感谢恩师为本书的修改与完善提出许多有价值的意见。同时，感谢郑州大学公共管理学院对我多年来的培养，感谢郑志龙教授、高卫星教授、刘学民教授、秦国民教授、樊红敏教授、韩恒教授、何水教授、李占乐教授，正是他们严谨治学的态度、平易近人的品格深深地激励着我。本书的出版得到了郑州航空工业管理学院领导和各位同仁的支持与帮助，在此表示由衷的感谢。

博士毕业后我总在试图将昔日的青涩之作进行修订完善，但因时间和水平有限，本书难免有不妥之处，恳请广大读者批评指正！

高　荣

2020 年 7 月于郑州航空工业管理学院

| 目 录 |

第一章　绪论

约翰·洛克在《政府论》中曾写道："人们联合成为国家和置身于政府之下的主要目的，是保护他们的自然权利，将自然权利归纳为生命、自由和财产权利。"[①]让·雅克·卢梭在《社会契约论》中也写道："人是生而自由与平等的……我们每个人都以其自身及其全部的力量共同置于公意的最高指导之下，并且我们在共同体中接纳每一个成员作为全体之不可分割的一部分……政府就是在臣民与主权者之间所建立的一个中间体，以便于两者得以互相适合，它负责执行法律并维护社会的以及政治的自由。"[②]早期西方哲学思想家并不否认自然状态下的人拥有不可剥夺的自然权利，政府对于保护这些权利具有"与生俱来"的责任，政府的起源也在于此。

中国社会保障思想历史可谓是源远流长，孔子早在两千多年前的春秋战国时期就提到"大道之行也，天下为公。使老有所终，壮有所用，幼有所长，鳏寡孤独废疾者，皆在所养"的大同思想；孟子提到"老吾老以及人之老"的思想；管仲提到以民为本等民本思想。这些思想蕴含

---

① 洛克. 政府论（下篇）[M]. 叶启芳，瞿菊农，译. 北京：商务印书馆，2015：52-77.

② 卢梭. 社会契约论[M]. 何兆武，译. 北京：商务印书馆，2003：4-72.

历代统治者对百姓承担养老保障责任的福利思想。从西方哲学思想到中国传统文化思想，深刻影响着政府责任的发展变迁，凝聚成为当今社会福利共识的传统哲学思想基础。

年老是人类不可避免的生命历程，人们都希望经过大半生的劳累与付出后能够获得充足的生活资料安度晚年，无论是凯恩斯的国家干预理论，还是"第三条道路"倡导的积极福利理论，也无论是 T.H. 马歇尔在《公民身份与社会阶级》中对公民权利的阐释，还是罗尔斯在《正义论》中对公平正义的诠释，都包含着政府承担起养老保障责任的思想。现代基本养老保险制度的建立将政府责任从理论付诸实践。世界银行在 1997 年《世界发展报告》中指出政府的核心使命中就包含投资基本公共服务和保护弱势群体的职责。无论从政府起源还是政府职能来看，养老保障责任俨然成为现代政府履行职责中的重要环节。

第一节　研究缘起与意义

一、研究缘起

1. 家庭养老功能弱化与公民身份嬗变凸显政府责任的重要性

老有所养是人类社会不懈追求的理想状态。家庭是最基本的老年生活保障单位，家庭养老便成为最古老而传统的养老方式。随着工业化与城镇化进程的加速推进，家庭结构呈现出核心化趋势，致使共同承担养老责任的家庭成员减少，家庭养老保障功能持续弱化。养老不再只是个人或是家庭的责任，而是成为重要的社会问题，"社会虽然不能提供家庭般的关爱，却可以更广泛地进行任何家庭都不能完成的风险分担"。①
然而，"与阶级、职位与家庭相联系的差别身份并没有从社会系统中绝迹，
而是被单一的、共同的公民身份所代替，共同的公民身份提供的是一种
平等的基础……平等基础体现的核心部分是公民权利，赋予每一个人拥
有被社会保护的权利"。②公民身份从"家庭人"转变为"社会人"，在
公民身份嬗变与权利意识觉醒的同时，对于养老需求与期望的提高要求
政府致力于建立超越家庭之上的基本养老保险制度，政府责任的重要性
凸显出来。

2. 全球养老保险领域改革浪潮引发政府责任定位的争论

自养老保险诞生以来，便将政府责任引入该领域。1601 年，英国伊
丽莎白时代颁布实施的《济贫法》是国家以"保护人"角色对人类社会
迈进工业社会门槛时社会安全需求的首次回应，改变传统济贫事业的民
间或宗教特点；③1889 年，德国颁布《老年与残疾保险法》在标志着现
代社会保障制度建立的同时，养老保险领域中的政府责任更为清晰；同时，
受凯恩斯国家干预思想的影响，罗斯福新政中出现大量政府干预活动以
及 1935 年《社会保障法》宣布正式建立社会保障制度；1942 年，英国《贝
弗里奇报告》勾画福利国家蓝图，政府责任不断强化与深入。"福利国
家在欧洲以至世界所取得的卓越成就，兼以福利经济制度所致力追求和
实现的社会理想与目标抱负，在今天显然是更具有全球范围政治、经济、

---

① 罗伯特•J. 希勒. 金融新秩序：管理 21 世纪的风险 [M]. 郭艳，胡波，译. 北京：中国
人民大学出版社，2004：203.

② T.H. 马歇尔，安东尼•吉登斯. 公民身份与社会阶级 [M]. 南京：江苏人民出版社，
2008：26-27.

③ 迈克尔•希尔. 理解社会政策 [M]. 北京：商务印书馆，2005：16.

社会和文化的价值推崇意义"。① 然而，2009 年希腊主权债务危机爆发，其原因是政府高福利的财政支出而过度举债，随后危机迅速蔓延至整个欧洲。为了走出危机，希腊政府实行紧缩政策，却引发大规模的罢工，此类事件不仅发生在希腊，英国在 2011 年也因为养老金改革爆发同样的事件。经济危机和"滞涨"阻止政府责任在养老保险领域的扩张，经济增长乏力引起的"福利危机"使得养老保险陷入财政负担过重与"养懒汉"问题并存的困局，这迫使社会各界对政府、市场与社会的责任关系进行深刻反思，国家干预论和自由市场论中各执一端的理论流派不同程度地捍卫着各自立场。受"新自由主义""第三条道路""小政府大社会"等社会思潮的影响，部分国家开始推行养老保险市场化改革，其趋势是政府责任在"后撤"，适当释放财政压力。总结可知，全球养老保险领域的改革实践是一种责任分担机制的建立，其核心是政府责任的重新调整与定位。

3. 中国基本养老保险制度改革亟待政府责任的合理定位

中国基本养老保险制度初创于新中国成立伊始，从无到有、从城镇到农村、从职工到城乡居民，走过 60 多年的风雨历程，但制度建设并非一帆风顺。"双轨制""全国统筹""延迟退休年龄""养老金入市""社保降费率"等饱受争议的焦点话题，使得基本养老保险成为中国社会保障制度改革中最为热点和难点的问题。在这样充满热议与争议的过程中，促使人们反思：为什么基本养老保险制度改革不能令人满意？究其原因，正是长期以来政府在基本养老保险制度改革中未能准确定位自身的责任，

---

① 王志凯. 比较福利经济分析 [M]. 杭州：浙江大学出版社，2004：121.

导致制度内群体间的待遇差距、城乡间的差距、地区间的差异、代际间的失衡等问题直接影响制度的公平性；缺乏刚性的法律约束、相应的财政储备、有效的监管，制度转型后历史债务不清和混账管理带来的"个人空账"问题；漏缴少缴养老保险费、冒领养老金的问题屡禁不止；违法挪用、挤占社保基金案件频繁发生。当前中国经济发展从快速转向新常态，社会政治领域进入全面深化改革的新的历史阶段，中国基本养老保险制度改革也将进入具有决定性意义的阶段，即从"有"如何到"优"的发展阶段，如果不能尽快清晰、合理地定位政府责任，必然导致整个制度改革方向偏离预期设想与初衷。综上所述，政府履责是实现基本养老保险更加公平可持续发展的重要保证，合理定位政府责任是中国基本养老保险制度改革的必要前提。

二、研究意义

研究中国基本养老保险政府责任定位，有助于补充与丰富基本养老保险政府责任的理论。本书为基本养老保险政府责任研究领域提供一个新的探索方向，具有比较宽厚的理论涵盖度与统领养老保险领域的辐射度，在理论上具有一定的开拓意义。目前，学术界关于基本养老保险政府责任定位的研究较为零散，尚未形成系统性与完整性的理论研究体系，缺乏切实可行的理论依据，本书针对性地开展深入研究，运用责任政府理论、公共物品理论探讨基本养老保险政府责任构成要素及相互关系，构建相对完整的理论分析框架，补充与丰富现有的理论研究。

研究中国基本养老保险政府责任定位，有助于解决人口老龄化问题。在人口、经济与社会结构发生变化的条件下，西方各国养老保险制度普遍陷入老龄化危机，全球掀起养老保险领域改革浪潮，政府如何定位其中的责任，不仅是中国的难题也是世界性难题。2015 年，中国 65 岁以上老年人口约为 1.44 亿，占总人口比重的 10.5%，《中国人口老龄化发展趋势预测研究报告》显示，到 2050 年中国老年人口总量将超过 4 亿人，占总人口比重的 30% 以上，占全球老年人口总量的 1/5，中国将成为世界上老年人口最多的国家。[①] 面对"银发"浪潮的冲击，清晰、科学地明确中国政府在基本养老保险中的责任定位，对于解决中国人口老龄化问题具有重要的实践意义。

第二节　文献综述

关于基本养老保险政府责任定位的研究，自然离不开对前人研究成果的梳理与集成。就所能搜集到的文献资料来看，国内外学术界涉及养老保险或政府责任方面的研究很丰富，但关于基本养老保险政府责任定位的专题研究甚少，涉及本书的内容较为零散。本书根据研究主旨将国内外相关文献梳理如下：

一、基本养老保险政府责任定位必要性的研究

国内外学者普遍认可政府是基本养老保险中的责任主体，有必要对其责任进行定位。郑功成（2003）认为政府负责的重点是基本养老保险制度，关键在于定位政府责任，为了解除国民养老后顾之忧并确保老年

---

① 全国老龄工作委员会办公室. 中国人口老龄化发展预测研究报告 [R/OL]. (2007-12-8). http://www.cncaprc.gov.cn.

人分享到经济社会发展的成果是政府负责的出发点与最终目的。[①] 王利军（2005）以市场失灵和政府失灵理论为基础，从经济学理论提出政府养老保险责任定位的必要性。[②] 李艳军和王瑜（2007）认为政府受到个人有限理论与市场失灵的双重影响，需要建立强制性的基本养老保险制度并承担相应的责任。[③] 刘玮（2010）从养老保险物品属性角度分析得出政府责任与个人责任一样是有边界的，认为政府养老责任与个人养老责任组合成"梯度模式"，分别实现养老保险制度的低水平目标与高水平目标。[④] 禹鹏斌（2015）强调中国基本养老保险责任主体是国家和政府，并从实现公平、克服保险市场失灵、克服经济波动的风险、抵御年龄结构变动等方面对政府介入养老保险的必要性进行分析。[⑤]

弗雷德里希·奥古斯特·冯·哈耶克（1992）认为政府在现代条件下若想为无劳动能力者或老弱病残者提供照料，而不依靠强制权力为其筹措经费，几乎是不可能实现的。[⑥] 凯姆尼茨和维格尔（2000）认为现收现付制的养老保险体系是政府纠正市场失灵的政策手段。[⑦] 尼古拉斯·巴尔和彼得·戴蒙德（2013）认为政府是养老保险制度中不可或缺的参与

---

① 郑功成. 中国养老保险制度的未来发展 [J]. 劳动保障通讯，2003（3）：24.

② 王利军. 养老保险政府责任的经济学分析 [J]. 辽宁大学学报（哲学社会科学版），2005（2）：123.

③ 李艳军，王瑜. 养老保险中的政府责任：一个分析框架 [J]. 重庆社会科学，2007（7）：95.

④ 刘玮. "梯度责任"："个人—政府"视角下的养老保险 [J]. 经济问题探索，2010（12）：112.

⑤ 禹鹏斌. 政府在养老保险中的角色重建 [J]. 科技经济市场，2015（6）：171.

⑥ 弗雷德里希·奥古斯特·冯·哈耶克. 自由宪章 [M]. 北京：中国社会科学出版社，1992：402.

⑦ Kemnitz, Alexander, Berthold Wigger. Growth and Social Security: The Role of Human Capital [J]. European Journal of Political Economy, 2000 (4): 673-683.

者……所有国家的政府不管制度安排的具体结构如何，都在其中发挥着重要作用。①

二、基本养老保险制度变迁中政府责任定位的研究

国内学术界认为中国基本养老保险制度变迁是由政府主导的。王亚柯（2008）从新制度经济学视角认为中国基本养老保险制度变迁是由政府推动的供给主导型，但也存在需求诱致的成分。②邓智平（2014）认为中国基本养老保险制度演变是一个兼具渐进与突变特征的过程，政策扩散和国外行动者的参与导致制度突变，而制度内在的路径依赖则使得改革具有深刻的渐进主义特征，在政策扩散和路径依赖的双重夹击下，国家仍然有一定的自主性。③部分学者总结基本养老保险制度变迁中政府责任的演变，成新轩（2012）认为政府是中国基本养老保险制度变迁的责任主体。④杨方方（2005）从传统的单位保险向现代的社会保险演变过程来看，政府责任从"无所不包"转变为"有所为、有所不为"。⑤

国外学者主要沿着两个方向开展研究：

（1）政治经济学派，强调从政治因素角度分析基本养老保险变迁中的政府责任定位。他们选择站在社会公平和社会团结的视角分析养老保险政府责任的范围界定，主张政府承担全面责任，建立覆盖全民、统一

---

① 尼古拉斯·巴尔，彼得·戴蒙德. 养老金改革：理论精要 [M]. 郑秉文，译. 北京：中国劳动社会保障出版社，2013：185.

② 王亚柯. 中国养老保险制度变迁的经济学分析 [J]. 社会主义研究，2008（2）：39.

③ 邓智平. 路径依赖、政策扩散与国家自主性——中国养老保险制度变迁的逻辑 [J]. 学术研究，2014（10）：38.

④ 成新轩，武琼. 养老保险制度变迁中的政府责任探析 [J]. 财政监督，2010（23）：69.

⑤ 杨方方. 我国养老保险制度演变与政府责任 [J]. 中国软科学，2005（2）：17.

的制度安排来促进社会公正。虽然该学派意识到这种模式的基本养老保险制度会遭遇因经济增速过缓、人口老龄化而引发的财政赤字，但他们依然坚持在现有制度框架内实行局部改革，规避根本性变革所带来的社会弱势群体利益受损、贫富差距扩大等现象。艾斯平·安德森（1990）认为公共养老金制度的形成是贯穿资本主义社会历史发展过程中"去商品化"的结果。社会民主论认为随着各国社会民主力量不断增强，劳资之间的长期斗争是迫使政府承担基本养老保险责任的根本原因，而新马克思主义论则认为劳资之间的斗争并不是政府建立养老金制度的主要原因，公共养老金具有缓解收入分配所带来的压力的作用才是首要动机。国家认同论认为，由于现代社会中社会成员的个性发展以及成员间的异质性增强，出现公民的国家认同危机，国家需要不断提供维系国家认同的社会机制，保障社会成员自由、安全和公平，养老保险制度的建立正是维系国家认同的纽带之一，政府通过建立并承担养老保险的责任，使公民能够感受到国家政权存在所带来的利益，增强公民的国家认同感。

（2）新古典经济学派，强调从经济因素角度分析基本养老保险变迁中的政府责任定位。20 世纪 70 年代以后，西方国家经济出现滞涨现象，日益严峻的人口老龄化为现收现付制的养老保险制度带来不利的影响。新古典经济学派从政府与市场关系展开研究，认为政府与市场相互替代的程度决定政府责任的演变，政府责任的不同则决定养老金计划中政府与市场所占比重的不同。新古典经济学派认为应当对现有的养老金制度进行根本性的变革——由现收现付制转向基金积累制，充分发挥市场作用，将政府责任降到最低。新古典经济学派以父爱主义论和市场失灵论为代表。父爱主义论认为人并不是理性的，年轻的时候尤其是有收入的时候可能存在过度消费，当年老而退出劳动领域的时候，由于储蓄不足难以满足生存需求；然而，政府有一定的预见能力，像慈祥的父辈那样，建立强制性养老保险制度，强迫个人在年轻有收入的时候，为将来的老年生活进行储蓄，避免老年风险。约瑟夫·斯蒂格利茨（1992）认为养老保险是公共产品，市场是不愿意提供的，运用风险管理并不能覆盖全体社会成员，市场是会失灵的，由政府提供公共养老保险计划可以节约成本与分散风险。尼古拉斯·巴尔（1998）认为当通货膨胀发生时，私人保险市场不具备防范风险的能力，个人养老金购买力会降低，影响参保人的基本生活，由政府财力通过指数化有效应对，保障参保者老年的基本生存需求。

三、基本养老保险政府责任定位现状的研究

国内外学术界普遍认为中国基本养老保险政府责任定位不清，存在"缺位""越位"等现象，关于财政责任定位现状的研究居多。郑功成（2016）等认为现行基本养老保险制度缺乏明确的政府责任边界，各主体责任未能厘清，带来的结果将是政府的责任与压力持续加重。[1] 在历史责任方面，郑功成（2000）、杨方方（2006）认为政府逃避历史责任，处于"缺位"的状态，至今未对承担转制成本作出承诺，试图通过"明债暗偿"的方式将历史责任与现实责任混合在一起，造成个人账户空账运行，新制度蜕变成旧制度的危险。李明镇（2001）[2]、申曙光（2009）[3]认为"明债

---

[1] 郑功成. 中国社会保障发展报告 2016[M]. 北京：人民出版社，2016：17.

[2] 李明镇. 历史欠债怎么来还——关于社会养老保险制度改革中隐性债务及对策研究 [J]. 人口研究，2001（3）：41.

[3] 申曙光，彭浩然. 中国养老保险隐性债务问题研究 [M]. 广州：中山大学出版社，2009：29.

暗偿"的方式导致严重的代际利益问题和个人账户空账问题，同时未能以法律法规这一最具刚性的方式明确政府责任，阻挡中国基本养老保险制度的改革步伐。在中央与地方政府责任方面，黄书亭（2004）[①]、毛景（2017）[②]认为中央与地方政府存在错位、越位现象，缺乏有效协作，导致地方政府在财政上过分依赖中央政府。

尼尔·吉尔伯特（2003）等认为中国基本养老保险基金积累将不足以支付该制度日益上升的成本，说明政府责任尚待加强，当前中国政府将面临几大风险和挑战，其中人口老龄化是最大的问题。[③] 马丁·费尔德斯坦（2004）认为中国政府应意识到，转型期向现在和即将退休职工支付退休金是国家债务的一部分，政府应长期支付债务利息或者变卖资产以支付这笔债务。[④] 马克·弗雷泽（2010）认为中国养老金制度改革存在体制问题，省、市、县政府管理的"社会统筹"单位是计划经济的遗产，这种体制导致城乡、国有企业和私营企业、永久工和临时工的尖锐分裂，政府、企业、工人若想在未来制度中受益任重而道远。[⑤]

四、基本养老保险政府责任定位模式的研究

关于基本养老保险政府责任定位模式的研究，国内外学者多从政府

---

① 黄书亭. 中央政府与地方政府在社会保障中的职责划分 [J]. 经济体制改革，2004（3）：19-22.

② 毛景. 养老保险补贴的央地财政责任划分 [J]. 当代经济管理，2017（3）：80.

③ Neil Gilbert. Changing Patterns of Social Protection[M]. New Brunswick：Transaction Publisher，2003：2-5.

④ 马丁·费尔德斯坦. 重建中国的社会保障体系 [J]. 财经，2004（18）：58-59.

⑤ Mark W. Frazier. Socialist Insecurity：Pensions and the Politics of Uneven Development in China[M]. Ithaca：Cornell University Press，2010：337-338.

责任限度开始研究。目前国内学术界存在两种截然不同的观点：第一种观点是刘福恒（2001）、杨燕绥（2007）等学者认为政府在基本养老保险中需要承担无限责任，通过税收来解决全体国民的养老保障问题；第二种观点是段春玉（2000）、米红（2008）、郑功成（2003）等国内大多数学者所赞同的"中间道路"式的选择，认为政府应当在基本养老保险中承担有限责任，既要防止政府大包大揽造成负担过重，又要防止政府撒手不管导致社会公平缺失。

纵观西方社会保障制度理论发展史，政府责任作为重要的线索，可以看到学术界关于政府是"干预"还是"自由"的问题争论不休，这样的争论伴随养老保险制度变迁的全过程，从民间自发的慈善救济到官方的济贫，从社会保险到福利国家，进而福利国家改革，出现"第三条道路"，理论演进与实践探索以一种相互对应的方式相联系，西方政府在基本养老保险中的责任定位经历了从"有限"到"无限"再到"理性回归"的过程。围绕着关于基本养老保险政府责任的理论流派以政府干预程度为横轴，如表1-1所示，可以清晰地看到各理论流派对基本养老保险政府责任定位的导向性作用。

表1-1　影响基本养老保险政府责任定位的思潮与学派

理论/思潮	德国新历史学派	福利经济学派	凯恩斯学派	瑞典学派	第三条道路	新自由主义
福利模式或政策实践	德国俾斯麦：社会保险模式	英国贝弗里奇：普遍福利模式	美国罗斯福：剩余型社会保障模式	瑞典社会民主主义：制度化再分配模式	英国布莱尔：适度限制国家干预	英国撒切尔：削减福利
政府干预程度	MAX ──────────────────────────→ MIN					

资料来源：杨燕绥，阎中兴.政府与社会保障——关于政府社会保障责任的思考 [M].北京：中国劳动社会保障出版社，2007：86.

在西方养老保险制度产生之前，以亚当·斯密（1776）、托马斯·罗伯特·马尔萨斯（1798）、大卫·李嘉图（1817）为代表的自由主义认为，国家的基本职能是维护社会秩序、保护国家安全、经办私人经营无利但社会需要的公共事业和公共设施，即提供"公共物品"，但是国家不要干涉经济；社会问题是个人责任的结果，问题的解决也必然要依靠自己而不是社会和政府。而以边沁（1789）、约翰·穆勒（1859）为代表的功利主义思想家，虽然提出"最大多数人的最大幸福"的主张奠定西方社会福利思想的基础，但对关于个人自由和政府有限性的过度强调，使得功利主义并未突破自由主义的思想范畴。可见，在养老保险制度出现之前，自由主义经济思想仍然占据主流地位，但关注无产阶级福利和主张国家干预的思想也越来越具有影响力。

通过自由主义思想理论的积淀，19世纪末、20世纪初西方各国的职责范围发生明显变化，一些国家的政府开始以社会保险、社会供给等方式承担保障公民社会福利的责任，这一时期正式形成促进养老保险制度产生和发展的国家干预的思想与理论。19世纪70年代，以施穆勒（1875）、阿道夫·瓦格纳（1876）为主要代表的德国新历史学派成功接替旧历史学派成为对外对抗英、法等发达国家的经济自由主义和对内消除工人运动势头的理论力量和政策依据，作为国家干预思想的起点，提出国家通过制定社会政策来增进社会福利的主张，对社会保险制度在德国的首次建立可谓功不可没。与此同时，以斐迪南·拉萨尔（1862）为代表的社会民主主义，认为资本主义的各种弊端需要通过政府干预来缓解，把社会福利政策视为实现社会主义的手段，政府有责任提供市场不能提供的公共物品，为有特殊困难的个人提供必要的物品与服务。

在建立养老保险制度后，庇古（1920）认为国民收入是经济福利的基础，主张国家要向富人征税，社会财富即国民收入分配应向穷人转移，从而提高国民的社会福利，实现社会福利最大化。[①] 凯恩斯（1936）认为国家的作用必须大大增加，国家通过赋税制度等手段对消费倾向施加指导性的影响，单靠降低利率的银行政策不能为充分就业提供充足的投资量，必须有公共投资。[②] 以凯恩斯学派以及威克赛尔（1898）、缪尔达尔（1931）为代表的瑞典学派推动养老保险制度在国际上的迅速发展，使国家干预理论得以正式形成，他们主张市场经济有可能导致社会问题的加剧，政府通过推行扩张性财政政策、采取积极社会政策对经济社会生活实施有效干预，尤其是要建立有效的社会保障制度。威廉·贝弗里奇（1942）认为政府有能力，也有责任提高国家效率、减少浪费、降低人民的不满情绪、增进个人福利。[③]《贝弗里奇报告》汲取并发展国家干预学派的思想，将国家干预思想化为现实，让每一个国民能够享受到国家提供从生到死、抵御各个方面风险的安全保障，勾画出福利国家的蓝图，在这张蓝图中政府承担养老保险的无限责任。

1973～1975年的经济危机令凯恩斯主义束手无策，在这种情况下，一直坚持与凯恩斯主义抗衡的自由主义经济信奉者重新获得重视，以哈耶克（1994）为代表的新自由主义认为："试图用干涉市场制度的方法提供更加充分的保障，反而使有些人越缺乏保障……作为一种特权而得

---

① A. C. Pigou. The Eeonomies of Welfare[M]. London: Maernillan, 1982:16.

② John Maynard Keyne. The General Theory of Emploment. Interest and Money[M]. London: Palgrave Macmillan, 1936:38.

③ William Henry Beveridge. Social Insurance and Allied Services[M]. London: Hms, 1995:21.

到保障的那些人的保障和没有这种特权的人的无保障之间形成对立。"[1]
他们主张由市场而非政府承担福利供给责任，政府只需要维持正当合理
的竞争秩序。新自由主义造成社会的异化、排斥和不平等，而传统社会
民主主义和福利制度则削弱个人的进取精神和自立精神，两者复杂的社
会效应使人们试图在两者之间或超越两者找寻所谓的"第三条道路"。
安东尼·吉登斯（1998）试图找到一种弥补、完善和整合传统社会民主
主义和新自由主义的新的方式，重新认识国家干预与市场自由的作用，
他主张将传统福利国家改造为"社会投资国家"，政府从消极的、保障
性的福利供给转向积极的、预防性的福利供给，强调个人责任与社会责
任的协调，从无责任的福利转为有条件的福利供给。

　　国内外学者关于基本养老保险政府责任定位模式多从政府责任限度
进行划分，张恺悌和潘金洪（2009）从政府介入形式分为包办、主导和
不干预三种理想类型。[2] 曹信邦（2012）认为可以分为完全政府责任、政
府个人分担、完全个人责任三种模式。[3] 蒲新微（2016）认为政府在养老
保险中承担责任已是确立的事实，而问题在于政府承担的责任应当限制
在何种程度，可分为：政府的完全责任、政府主导的有限责任、政府辅
助的有限责任。[4] 也有部分学者从政府行为进行划分，如段家喜（2007）
将其分为四种模式，详见表1-2。

---

① 弗里德里奇·哈耶克. 通往奴役之路 [M]. 王明毅，译. 北京：中国社会科学出版社，1997：125-126.

② 张恺悌，潘金洪. 政府养老定位研究 [M]. 北京：中国社会出版社，2009：167.

③ 曹信邦. 新型农村社会养老保险制度构建——基于政府责任的视角 [M]. 北京：经济科学出版社，2012：15.

④ 蒲新微. 养老保障与政府责任 [M]. 北京：中国劳动社会保障出版社，2016：15.

表1-2　基本养老保险政府责任四种模式比较

模式类型	主要特征	代表国家	理论依据	政府责任	干预程度
国家保险模式	退休费由国家和企业负担、以公有制为保证	苏联	马克思主义	财政支持、举办、最终支付者、管理	完全干预
福利国家模式	养老金作为福利政策，强调普遍性和公平性	瑞典、英国	福利经济学	财政支持、举办、最终支付者、管理者	强
自保公助社保模式	资金来源多元化、政府财政支持并管理、个人缴费成为享受条件	德国、美国、日本	国家干预主义	少量的财政支持、管理	中
自我储蓄模式	政府管理、设立个人账户	新加坡、智利	个人主义	管理	小

资料来源：段家喜.养老保险制度中的政府行为 [M].北京：社会科学文献出版社，2007：111.

蒂特马斯在福利社会分工学说中提到社会福利由政府财政、在职雇员等不同社群共同承担，分为政府主导与非政府主导两种模式。埃斯平·安德森（1990）从责任主体角色将福利制度划分为社会民主主义、保守主义、自由主义三种模式。① 如表 1-3 所示，这三种模式中国家、市场、家庭、个人角色各不相同，按照去商品化程度高低依次排序，社会民主主义模式主要强调国家主体的核心作用，市场与家庭主体处于边缘地位，采用普惠模式，去商品化程度最高；保守主义模式则主要强调家庭主体的核心作用，政府主体作为有效的补充，市场主体处于边缘地位，采用社会保险模式，去商品化程度较高；自由主义模式主要强调市场主体的核心作用，政府和家庭主体处于边缘地位，采用剩余模式，去商品化程度最小。

---

① Gosta Esping-Andersen.The Three Worlds of Welfare Capitalism[M].Polity Press ltd,1990:55.

表1-3 艾斯平·安德森划分的福利制度三种模式

	社会民主主义	保守主义	自由主义
去商品化程度	最大	较高	最小
模式	普惠模式	剩余模式	社会保险模式
政府角色	核心	补充	边缘
市场角色	边缘	边缘	核心
家庭角色	边缘	核心	边缘
组织轨迹	政府	家庭	市场

资料来源：Robert Walker. Social Security and Welfare: Concepts and Comparisions[M]. Open University Press, 2005: 14.

也有部分学者认为养老金制度是多元主体供给模式，阿瑟·奥肯（2010）认为随着市场和公民社会的不断发展，政府可以把原来独自承担的责任，逐渐转移一部分给市场和社会，政府应当不断加强政治国家与公民社会的合作、政府与非政府的合作、公共机构与私人机构的合作、强制与自愿的合作。[1] 埃莉诺·奥斯特罗姆（2011）认为新制度的多元主体供给是解决公共事务集体行动的关键环节。[2]

五、基本养老保险政府责任定位的影响因素研究

学术界从经济学、社会学、管理学、人口学等不同学科视角展开对基本养老保险政府责任定位影响因素的研究。1958年，保罗·萨缪尔森开启用世代交叠模型分析经济发展与养老保险制度的关系，逐步向该领

---

[1] 阿瑟·奥肯. 平等与效率 [M]. 王奔洲，译. 北京：华夏出版社，2010：116.

[2] 埃莉诺·奥斯特罗姆. 规则、博弈与公共池塘资源 [M]. 王巧玲，任睿，译. 西安：陕西人民出版社，2011：39.

域倾斜。国外学者巴罗（1991）认为财政支出规模是经济增长的凹函数，说明理论上存在政府对经济的最优干预程度。[①] 易兹（2011）[②]、威廉姆森（2012）[③]、耶胡达（2014）[④] 认为社会结构转型与人口老龄化是影响养老保险政府责任的主要因素。

国内学者曹信邦（2006）[⑤]、田怿民（2014）[⑥] 从绩效评估视角对政府社会保障的决策、执行、管理和监督产生的效果进行评估，为评价政府责任提供量化指标。刘远风（2011）从风险管理视角认为公共养老金在人口老龄化背景下面临赡养率、经济、政治等风险，也受到人口、福利、利率、税收等多种社会经济政策影响。[⑦] 范柏乃（2016）从政府职能转变的角度认为划分影响因素分为两类观点：一类将其分为外部环境因素和内部组织因素；另一类则从政治、经济、社会、文化等方面考量。[⑧]

此外，部分学者选取多种影响因素进行整合研究，也有部分学者选

① Barro, R. J. Economic Growth in a Cross- Section of Countries[J]. Quarterly Journal of Economics, 1991(2):407-433.

② Yi Z. Effect of Demographic and Retirement-Age Policies on Future Pension Deficits, With an Application to China[J]. Population and Development Review, 2011(3):553-569.

③ Willamson J. B. Price M., Shen C. Pension Policy in China, Singapore , and South Korea:An Assessment of the Potential Value of the Notional Defined Contribution Model[J]. Journal of Aging Studies, 2012(26):79-89.

④ Yehuda B. Andros G. Susan S. Retirement in a Global Labour Market:A Call for Abolishing the Fixed Retirement Age[J]. Personnel Review, 2014(3):1-35.

⑤ 曹信邦. 政府社会保障绩效评估指标体系研究 [J]. 中国行政管理, 2006（7）：30.

⑥ 刘远风. 养老保险中的政府责任——基于风险管理的视角 [J]. 社会保障研究, 2011（4）：19-20.

⑦ 田怿民. 养老保险政府绩效评价指标体系研究 [J]. 商, 2014（4）：180.

⑧ 范柏乃, 张电电, 余钧. 政府职能转变：环境条件、规划设计、绩效评估与实现路径——基于 Kast 组织变革过程模型的分析 [J]. 浙江大学学报（人文社会科学版），2016（3）：180.

取某一类影响因素进行研究。关于基本养老保险政府责任定位影响因素的综合性研究多集中于定性研究层面，张邦辉（2011）认为政府涉及或介入养老保险关系到一国的政治观念、道德习俗、历史、文化、经济等诸多因素，其中，道德、经济、社会结构、政治、国民共同理想等因素更为经典。[①] 杨健和张金峰（2014）认为政府养老保障职能的定位受到本国政治、经济情况、国际性组织因素的影响。[②] 杨斌和丁建定（2015）基于经济环境、政治环境、社会环境、文化环境与制度环境"五维"环境框架对中国基本养老保险制度政府财政责任环境进行分析。[③] 黄晗（2016）认为经济体制改革是养老保险政府责任模式转变的核心原因，政府职能转变是养老保险政府责任模式转变的推动原因，人口老龄化是养老保险政府责任模式转变的重要原因。[④] 李红岚（2017）认为政府在养老保险中承担责任程度，不仅受该国养老保险制度模式与发展理念的影响，也受该国经济发展水平、人口老龄化程度等诸多因素的影响。[⑤]

还有部分学者采用实证研究方法选取某些变量进行研究，这些变量集中于经济、人口等因素，针对财政责任的影响研究居多，克鲁兹

① 张邦辉. 社会保障的政府责任研究 [M]. 北京：中国社会科学出版社，2001：71-72.

② 杨健，张金峰. 政府在公共养老金制度中的职能定位、责任边界与优化 [C]. 第五届中国行政改革论坛——创新政府治理，深化行政改革论文，2014（3）：503.

③ 杨斌，丁建定. "五维"框架下中国养老保险制度政府财政责任机制改革的环境分析 [J]. 社会保障研究，2015（1）：22.

④ 黄晗. 城镇企业职工养老保险制度政府财政责任模式转变及成因 [J]. 江西财经大学学报，2016（5）：74.

⑤ 李红岚. 应当明确财政在基本养老保险中的责任 [N]. 中国社会保障报，2017-3-3（4）.

（2006）[1]、德孝（2013）[2]选取宏观经济因素对政府养老金支出进行实证分析。斯特格伦（2005）基于一般均衡模型考察养老保险缴费率、人口政策等变动对财政支出的影响。米红和项洁雯（2008）从人口、经济等敏感性因素入手，对到2050年的新型农村社会养老保险制度推进中涉及的制度覆盖率、缴费水平、保障水平和财政投入进行政策仿真。[3]刘吕吉等（2014）运用静态面板与动态面板模型分析中国1998～2012年人口结构变迁对养老保险财政支出水平的影响。[4]

六、简要述评

通过梳理相关文献资料，国内外学者关于基本养老保险政府责任定位的研究已有所涉及，从不同的研究角度与学科领域展开有益的探索，对本书具有一定的借鉴意义，但也存在以下不足：

从研究内容来看，国内外学者侧重于某一种基本养老保险制度的政府责任定位研究居多，缺乏将基本养老保险制度视为一个整体来研究其中的政府责任定位，使得研究呈现碎片化。从理论研究来看，已有研究仍局限于单一学科狭小范围内，尚未形成系统、可行的理论分析框架，缺乏对基本养老保险政府责任定位进行系统化表述与具体构架；从研究

---

① Cruz A. Echevarria, Amaia Iza. Life Expectancy, Human Capital, Social Security and Growth[J]. Public Economics, 2006(8):100-102.

② Noritaka Maebayashi. Public Capital and Public Pensionand Growth. IntTax[J]. Public Finance, 2013(20):89-104.

③ 米红,项洁雯. 中国新型农村养老保险制度发展的敏感性分析暨有限财政投入仿真研究[J]. 社会保障研究, 2008（1）：129.

④ 刘吕吉,李桥,张馨丹. 人口结构变迁与财政社会保障支出水平研究——基于省级面板数据的实证分析[J]. 贵州财经大学学报, 2014（4）：91.

深度来看，已有研究侧重于宏观角度定位政府责任居多，常见的是政府承担主导、适度责任等过于笼统的结论，缺乏从微观角度进行定位研究，使得这部分研究"过于粗犷"，不够细致深入。此外，国内外学者以定性研究为主，缺乏必要的定量研究，尤其是在影响因素研究中，侧重于经济、人口、社会等单一变量的实证分析居多，使得关于基本养老保险政府责任定位影响因素的综合性研究集中于定性研究层面，缺乏深入的分析。

上述研究不足的存在为本书提供了研究的空间，本书试图从"全景"的角度审视基本养老保险中的政府责任定位，以责任政府理论、公共物品理论为依据，采用构建理论框架与实证研究相结合的方式，系统性分析中国基本养老保险政府责任定位问题与影响因子，从微观角度更为科学地理解政府责任定位的复杂性。

第三节　研究设计

一、研究目标与思路

1. 研究目标

本书是关于中国基本养老保险政府责任定位的研究，拟通过研究回答如下关键问题：

（1）基本养老保险政府责任定位的理论依据是什么？

（2）中国基本养老保险政府责任定位需要反思什么？

（3）中国基本养老保险政府责任定位的影响因子有哪些？

（4）中国基本养老保险政府责任应当如何定位？

本书力求解答上述问题，将关键问题转化为具体研究目标：一是构建基本养老保险政府责任定位的理论分析框架；二是分析中国基本养老保险政府责任定位的历史演变规律与现状；三是识别中国基本养老保险政府责任定位的影响因子；四是合理定位中国基本养老保险中的政府责任。

2. 研究思路

清晰正确的研究目标是构建文章思路的领航灯，是确保文章逻辑结构科学性的重要前提。本书按照"提出问题—构建框架—实证分析—政策建议"的逻辑主线，确保研究内容的严谨性与连贯性。首先是"提出问题"，通过文献研究法系统梳理已有研究成果，明确本书的目标与具体问题。其次是"构建框架"，通过界定基本养老保险政府责任定位的核心概念，形成对于基本养老保险政府责任定位的规范认识，借鉴责任政府理论、公共物品理论，运用系统分析法构建本书的分析框架。再次是"实证分析"，总结归纳中国基本养老保险政府责任定位历史演变规律，运用社会调查法深入考察中国基本养老保险政府责任定位的客观现实，对中国基本养老保险政府责任定位的影响因子进行实证检测与判断。最后是"政策建议"，在实证研究的基础上，科学、合理地定位中国基本养老保险中的政府责任。本书的研究思路与逻辑框架如图1-1所示。

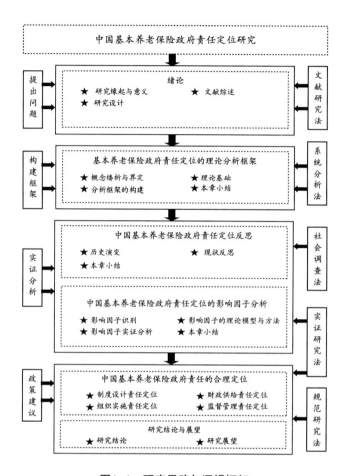

图1-1 研究思路与逻辑框架

二、研究内容与方法

1.研究内容

研究内容是围绕研究思路所开展的一系列研究的具体对象,本书按照上述研究目标与思路进行各章节设计,共分为六个章节,概括为四个部分:

第一部分是绪论,提出问题。主要包括研究缘起与意义、国内外相关文献综述、研究设计等内容。其中，在研究设计中预设研究目标，以此明确研究思路、研究内容与方法、创新意图与局限。

第二部分是本书的理论支撑，构建基本养老保险政府责任定位的理论分析框架。首先，对养老保险、政府责任、定位等核心概念进行缕析与界定。其次，以从宏观层面详述责任政府理论、公共物品理论来作为全文分析的理论基础。最后，从微观层面构建基本养老保险政府责任构成要素的分析框架。本章从理论上高度把握基本养老保险政府责任定位的内涵与外延，构建相对完整的理论分析框架。

第三部分由第三章与第四章构成。第三章是中国基本养老保险政府责任定位反思。首先总结计划经济时期、改革开放初期、深化改革时期养老保险政府责任定位的具体表现与演变规律；其次从制度设计责任、财政供给责任、组织实施责任、监督管理责任构成要素剖析现阶段中国基本养老保险政府责任定位的问题。第四章是中国基本养老保险政府责任定位的影响因子分析。根据已有研究中的重要观点，以理论基础与现实问题作为识别依据，遵循科学性、综合性、可操作性的识别原则，从经济发展、财政能力、人口结构、制度环境识别与提炼中国基本养老保险政府责任定位的影响因子，通过构建影响因子的理论模型，采用主成分分析法，运用 SPSS Statistics 21.0 和 Eviews 6.0 软件，对中国基本养老保险政府责任定位的主要影响因子进行实证检验，为合理定位政府责任提供科学的依据。

第四部分由第五章与第六章构成。第五章是中国基本养老保险政府责任的合理定位。利用基本养老保险政府责任定位的支持条件与规避其制约因子，从微观角度重点解决政府在基本养老保险中制度设计责任、财政供给责任、组织实施责任、监督管理责任的合理定位。第六章是研究结论与展望，总结本书的基本结论并对未来研究方向进行展望。

2. 研究方法

面对研究的目的、对象与任务的不同，必然有一个方法选择问题，研究方法是对相关问题进行合理化解释的基础，本书选取以下研究方法展开研究：

（1）文献研究法。梳理国内外相关研究的专著、学术期刊文献、数据统计文献等资料，准确把握研究领域的理论前沿动态，加以认真分析、归纳、总结发现所研究问题的本质。其中，本书以大量的"政策文本"为研究对象，梳理自1951年以来与基本养老保险相关的政策文本，并从政策文件表述、发文机关、涉及内容等方面来理解基本养老保险政府责任定位的演变过程。

（2）系统分析法。基于系统原理与系统研究方法的认知过程及基本规律，本书将基本养老保险政府责任看作一个由若干要素构成的系统，构建政府责任构成要素的系统分析框架。在这个系统研究框架下，对政府责任构成要素进行系统分析，各构成要素之间相互关联、有机互动构成基本养老保险政府责任定位的整体性，形成逻辑严密的有机统一体，用系统分析方法认识与揭示基本养老保险政府责任定位的本质与规律。

（3）社会调查法。本书是对现实问题的理论与政策进行研究，需要采取社会调查法来有目的、有计划地搜集有关研究对象的现实状况，获取本书所需的第一手翔实资料以解决研究的问题。笔者在东部、中部、西部省份的部分城市人力资源和社会保障部门及养老保险经办机构开展调查，对人社部门负责人与工作人员、用人单位负责人、参保人员进行访谈，听取他们对于中国基本养老保险政府责任定位的思考与建议，以此增强本书的现实可操作性。

（4）规范与实证相结合法。规范研究法是以先验的价值判断为规范演绎的前提，是关于事物"应该怎么样"的分析。本书关于基本养老保险政府责任定位概念、理论借鉴、政策建议等部分将充分呈现规范分析特性；同时，实证研究是对客观事物及其间的相互关系的观察、描述和度量，运用数据和事例加以说明的研究方法，是关于事物"是什么样"的分析。本书运用现代计量经济学方法与软件，以 2005～2015 年《中国统计年鉴》《中国财政年鉴》《中国劳动和社会保障年鉴》《中华人民共和国国民经济和社会发展统计公报》《国际统计年鉴》《人力资源和社会保障事业发展公报》等官方数据为依据，运用主成分分析法对中国基本养老保险政府责任定位的影响因子进行实证检验，并采用系统动力学软件模拟三方责任主体供给比例来明确政府责任的限度。

三、创新意图与局限

1. 创新意图

借鉴已有研究成果，本书从理论上对基本养老保险政府责任定位进行论证，从实践上对中国基本养老保险政府责任定位现状进行考察，并从政策上为中国基本养老保险政府责任合理定位提供建议，以期为中国基本养老保险政府责任定位研究贡献绵薄之力，创新之处主要体现在以下几个方面：

第一，依据责任政府理论、公共物品理论构建基本养老保险政府责任定位的理论分析框架，将政府责任构成要素界定为制度设计责任、财政供给责任、组织实施责任、监督管理责任四个要素，厘清各责任要素之间的内在关联性，为中国政府责任理论研究提供新的视角。

第二，从经济发展、财政能力、人口结构、制度环境识别与提炼 12 个变量，通过构建影响因子的理论模型，采用主成分分析法进行实证检验与判断，为合理定位中国基本养老保险中的政府责任提供科学依据。

第三，根据城镇企业职工基本养老保险、机关事业单位养老保险、城乡居民基本养老保险三种制度资金来源的同源性，本书建议每年从财政收入中拿出 4% 的补贴作为国民年金的资金来源，以最低生活保障线设置待遇水平，保障"底线公平"，这对于解决中国基本养老保险制度"碎片化"问题，促进基本养老保险城乡一体化建设具有应用价值。

2. 研究局限

鉴于基本养老保险政府责任定位涉及诸多领域与要素，部分数据存在不可获取性，本书关于经济发展、人口结构、财政能力等部分数据预测的准确性有待时间的检验，预测数据的目标期止于 2050 年难免存在一定的遗憾，因为测算年限延长能够更好地观测因子对基本养老保险政府责任定位的影响程度，将在后续研究中进行长期预测。

第二章　基本养老保险政府责任定位的
理论分析框架

　　管理学先驱亨利·法约尔认为，"凡行使权力的地方，就有责任"[①]，"责任的设计与文明政府同样古老，在各种政制中不可或缺"[②]。在现代国家中，维护国民养老保障权益，不再是政府仁慈救济的行为，而是建设公正社会的要求，政府责无旁贷，正如罗尔斯所言，"正义是社会制度的首要价值……每个人都拥有一种基于正义的不可侵犯性……由正义所保障的权利均不受制于政治的交易或社会利益的权衡"[③]。责任是政府权力的约束边界，也是政府追求公共利益的制度性设计。鉴于基本养老保险政府责任定位的复杂性，本章主要构建理论分析框架以明确本书的逻辑结构。

---

　　① 亨利·法约尔.工业管理与一般理论 [M].迟力耕，译.北京：机械工业出版社，2013：23.

　　② Bruce L.Smith D.C.Huague.The Dilemma of Accountablitity in Modern Government—Independence Versus Contral[M].St Martin's Press,1971:312.

　　③ 约翰·罗尔斯.正义论 [M].何怀宏，译.北京：中国社会科学出版社，2009：3.

第一节　概念缕析与界定

概念可以表达事物特质，但并非一成不变，在不同社会、不同时期和不同语言环境下，同一个词语表达概念的含义不尽相同。本节对核心概念进行缕析与界定，能够更为清晰地了解与分析所研究的对象。

一、基本养老保险相关概念界定

为了清晰界定基本养老保险的概念，有必要对养老保障、养老保险与基本养老保险的概念加以区分。"老年乃是一种个人生理的、心理的及社会释义的综合体"①，是人类必经的生理阶段，是可以预期的生命现象，但当自然人因年老退出劳动岗位后，生活上容易陷入经济不安全的风险中，需要一种机制——养老保障，为个人进入老年后提供替代性收入来源以实现经济安全并满足老年生活需求。从内涵来看，养老保障是通过各种支持手段，包括经济供养、生活照顾以及情感慰藉等来满足老年人的基本生活需要，实现老有所养的人类行为或社会制度，涵盖与社会成员老年生活保障相关的各种制度化和非制度化的保障机制。

参考国内学者关于多层次养老保障体系的设想，养老保障包括以下五个层次：一是家庭保障，包括个人储蓄，来自家庭、亲友或社区互助等非正式制度形式；二是普享型或家计调查式的养老保障，包括以税收

---

① 柯木兴. 社会保险 [M]. 台北：中国社会保险学会，1991：45.

为基础的普惠制国民养老金以及老年贫困救济制度等；三是差别性职业养老保障，是国家正式制度安排，与劳动就业及缴费相关的强制性的公共养老金计划；四是补充养老保障，包括作为职业福利的职业年金或企业年金计划等补充养老计划；五是商业性养老保障，主要是通过商业保险以及其他通过市场获得的老年经济保障。

养老保障多用于学术语境中，就内容而言，养老保障涵盖的范畴广于养老保险，但养老保险更先被广泛应用。如表2-1所示，可以更为清晰地理解养老保险概念的内涵。世界银行所提出的"三支柱"方案对养老保险分类进行经典论述：第一支柱是建立在现收现付制基础上并具有再分配功能的公共养老金计划，由政府公共部门运作，强调保障水平的最低限度；第二支柱是基于缴费确定型、具有私营性的养老保险计划，是建立在职业年金或者个人账户基础上的制度安排；第三支柱是建立在自愿基础上的一种商业储蓄型养老保险计划。

表2-1　养老保险的内涵与理解

内涵	理解
"养老保险是指劳动者达到国家规定的解除劳动义务的界限，或因年老丧失劳动能力，依法获得经济收入、物质帮助和生活服务的社会保险制度。"[1]	①从参保对象来看，为劳动者
	②从领取条件来看，达到国家规定的法定退休年龄
	③从筹资方式来看，包括现收现付制、完全积累制和混合制
	④从政府介入方式来看，养老保险包括公共养老保险与商业养老保险。公共养老保险强调政府责任，保障退休人员的基本生活；商业养老保险强调自我保障，政府发挥引导作用，满足更高层次的养老需求

鉴于上述概念内涵的理解，区分本书要研究的对象——基本养老保险，它属于养老保险制度中的第一支柱，是国家根据法律和法规，为劳

---

① 焦凯平. 养老保险 [M]. 北京：中国劳动社会保障出版社，2004：2.

动者因年老丧失劳动能力退出劳动岗位后提供保障基本生活的制度安排，从四个层面进行理解：一是基本养老保险由政府通过法律形式加以规范；二是基本养老保险所保障对象以法定的退休年龄界限来衡量；三是基本养老保险的目的是保障老年人的基本生活需求；四是基本养老保险采用社会化的方式运行。现阶段中国基本养老保险制度主要由城镇企业职工基本养老保险、机关事业单位养老保险、城乡居民基本养老保险三大模块共同构成。

二、政府责任相关概念界定

1. 政府

关于政府概念的阐释，最早可以追溯到古希腊，但古希腊政治思想家并没有明确给出政府的概念，他们更关注的是人类社会应该以何种方式生活在何种共同体下。亚里士多德认为，"这种共同体就是所谓的城邦或政治共同体"。[①]他所理解的政府是包含至善、德行、公民共同利益在内的诸多要素，能够体现独立和自主精神的城邦或政治共同体。随着中世纪基督教的诞生，人们将现实生活中遭受的苦难寄托于神的庇护，统治者为了巩固统治，宣称自己的统治是受上帝的旨意，君权神授的思想开始形成，影响着中世纪的国家观。奥古斯丁作为中世纪神学的代表人物，在《上帝之城》中认为国家是实现神意的工具，"地上之城"是为了"上帝之城"在人间的实现而建立的。

随着理性主义的呼声逐步占据主导地位，君权神授的观点遭到质疑与批判，思想家们开始从自然权利、社会契约的角度来诠释政府的概念。

---

① 亚里士多德. 政治学 [M]. 颜一，秦典华，译. 北京：人民大学出版社，1999：3.

英国著名哲学家托马斯·霍布斯认为："当一群人确实达成协议，并且每一个人都与其他人订立信约，不论大多数人把代表全体的人格的权利授予任何个人或已确认组成的集体时……这时国家就称为按约建立。"①在霍布斯看来，政府是人们通过契约创造出来的，来自人民权利的转让。洛克继承了霍布斯的观点，认为"人们联合成为国家和置身于政府之下的主要目的，是保护他们的自然权利，将自然权利归纳为生命、自由和财产权利"。②与霍布斯不同的是，洛克对人性更为乐观，反对霍布斯的君主专制，主张有限权力政府，他认为政府设立的目的是"保护社会成员的财产"，这也是政府的基本职能。与霍布斯相同的是，他并没有将国家与政府作出区分。

18世纪法国启蒙思想家卢梭是西方近代政治思想史第一个将国家与政府进行区分并论述两者之间关系的哲学思想家。卢梭集前两位学者之大成，他认为"公共力量就必须有一个适合的代理人，并使它按照公意的指示而活动；它充当国家与主权者之间的联系……这就是国家中之所以要有政府的理由，其实政府不过是主权者的执行人"③。在他看来，国家是人们订立契约的产物，政府是国家与人民之间所建立的一个中间体，是基于人民意志而组织起来管理国家事务的代理人，其目的是使国家和人民得以相互适合。

政府概念的明晰始于现代，美国学者伍德罗·威尔逊从政治与行政两分法的观点提出政府作为国家权威性的具体形式，是国家机器，政府

---

① 霍布斯. 利维坦 [M]. 黎思复，译. 北京：商务印书馆，1985：100-133.

② 洛克. 政府论（下篇）[M]. 叶启芳，瞿菊农，译. 北京：商务印书馆，2015：52-77.

③ 卢梭. 社会契约论 [M]. 何兆武，译. 北京：商务印书馆，2003：72.

官员作为国家的代理人。在中国，最初政府释义出现在《资治通鉴》中："李林甫领吏部尚书，日在政府。"[①] 此处注释政府谓政事堂。宋承唐制，也有政事堂，又称都堂，将中书省和枢密院并称为"二府"，"政事堂"和"二府"合称为后来的"政府"。在《辞源》中这样解释："唐宋时称宰相治理政务的处所为政府。"现代意义上的政府："是国家的统治机构，以暴力为后盾的政治统治和社会管理组织，维护与实现特定的公共利益。范围上分为广义和狭义政府，结构上分为中央和地方政府。"[②] 本书使用政府的概念，是指狭义的政府，即国家行政机关。

2. 责任与政府责任

责任是随着社会关系的建立而产生的，既是人们日常生活中的常用语，也是理论研究中的一个重要术语，在不同语境中对此词的解读也不尽相同。从词义上来看，责任通常用 Responsibility、Duty、Liability、Obligation 来表述，意指职责、负责、义务，这是西方语系最直观的解读。在西方文化中，责任范畴的讨论有着悠久的历史，古希腊时期的波西多纽就著有《责任论》；苏格拉底把责任视为"善良公民"对国家和人民服务所应具备的本领和才能；柏拉图认为人分为不同等级，不同等级的人有不同的责任；亚里士多德进一步阐释责任是表示人应对自身选择的行为负责的思想。在西方现代，康德认为"责任是由于尊重规律而产生的行为必要性"。[③] 古汉语中并无"责任"一词，仅有"责"字，古汉语发展至今已有巨大变化，"责"也成为今天的"责任"，词语变化并不妨碍其基本

---

① 辞源（之二）[M]. 北京：商务印书馆，1980：1339.

② 赵洁. 政府的社会责任 [M]. 太原：山西人民出版社，2015：7.

③ 康德. 道德形而上学原理 [M]. 苗力田，译. 上海：上海人民出版社，2012：16.

含义得以保存。在现代汉语语境下，"责任"的含义包括三个方面：一是指分内应做的事情，这种责任的含义源于角色的义务，责任与义务的含义基本相同；二是指未能做好分内之事的过失；三是指没有做好分内的事情所应当承担的不利后果，这里责任的含义表示处罚、承担后果。

随着人类文明的进步与社会发展的变迁，政府的作用与权力范围日益扩大，政府责任成为学术界关注的焦点，国内外学者通过不同学术领域围绕着政府责任展开研究，但众说纷纭，至今未有定论。西方研究政府责任最早源于政治学，但关于政府责任内涵界定最为丰富的领域却是在公共行政领域，其代表性观点有：美国学者哈曼认为政府责任就是行政责任，其概念包含课责、道德义务与因果关系；行政学者费斯勒和凯特认为行政责任内涵包括负责与道德行为两个方面。国内学者对于政府责任的研究主要集中在：一是行政法领域，王成栋、罗豪才认为政府责任包括行政法律责任、行政政治责任和行政违宪责任；二是公共行政领域，张国庆（2000）①、张成福（2000）②认为政府责任是行政责任，是政府回应力、义务和法律责任的整体性概念。

综上所述，本书所要研究的基本养老保险政府责任是一个相对概念，是相对于基本养老保险中的市场、社会等不同主体而言的，是指政府在基本养老保险制度及其运行中需要承担的责任。

三、定位相关概念界定

根据《现代汉语词典》中关于定位词义的解释："一是用仪器对物

---

① 张国庆. 行政管理学概论 [M]. 北京：北京大学出版社，2000：25.
② 张成福. 责任政府论 [M]. 中国人民大学学报，2000（2）：78.

品位置进行测量；二是经仪器测量后确定的位置；三是把事物放在适当的地位并作出某种评价。"从英语词义上来讲，Orientation 和 Position 作为定位含义的常用单词，Orientation 的含义多指向对周围环境的定位、方向、导向等，而 Position 则侧重于位置、身份、立场的意思。鉴于该词义科技感过重，本书收集归纳具有定位含义的资料：一是确定事物的名位，如《韩非子·扬权》所载："审名以定位，明分以辩类。"二是一定的规矩或范围，如刘勰的《文心雕龙·明诗》所载："诗有恒裁，思无定位，随性适分，鲜能通圆。"定位以概念的形式最早出现于美国学者艾·里斯和杰克·特劳特在 1969 年 6 月《工业营销》杂志上发表的一篇论文中，对于定位的理解是从产品开始的，可以是一种商品，一项服务，一所机构，甚至是一个人，但定位的对象不是这些，而是要为品牌在潜在消费者的心目中确定合适的位置。[①]

定位最初仅为现代市场营销学中的一个专业术语，随后便在诸多研究领域中渗透与扩展。从公共管理学科来看，政府责任是政府一切行为活动的逻辑起点，政府责任定位正确与否，是政府能否正确行使权力、履行相应责任的重要前提与保障。正如约翰·穆勒所言，"无论在政治科学还是现实政治中，争论最多的问题就是政府职责和作用的适当界限在哪里"[②]。通过整理相关文献资料发现，国内外并没有关于基本养老保险政府责任定位明确的概念界定，因此，本书认为应结合"基本养老保险""政府责任""定位"关键词的含义，根据中国基本养老保险对政

---

① 阿尔·里斯，杰克·特劳特. 定位：有史以来对美国营销影响最大的观念 [M]. 谢伟山，苑爱冬，译. 北京：机械工业出版社，2011：3.

② 约翰·穆勒. 政治经济学原理（下卷）[M]. 北京：商务印书馆，1997：366.

府的内在需求、政府本身所具备的能力等要素，将政府责任与定位相联系，体现对政府责任的边界性、规则性和角色性的关注，从定位内涵中的"明确事物的名位"和"一定的规矩或范围"两个层面去理解：一是"明确事物的名位"，明确政府在基本养老保险中承担什么样的角色；二是"一定的规矩或范围"，政府在基本养老保险中应该承担哪些责任，应该如何对这些责任进行划分以及用何种方式或模式来履行这些责任。

第二节　理论基础

分析框架是用来更好地认知和解释客观现实的一套系统方案，因此，本书构建理论分析框架旨在提出一套解释和研究基本养老保险政府责任定位的系统方案，本节主要为构建分析框架提供理论依据与支撑。

一、责任政府理论

1. 责任政府的由来：从权力本位到责任本位

责任政府理论随着西方民主政治的发展应运而生，其产生有着深厚的历史背景。在古老的封建君主专制社会中，国家的权力掌握在君主手中，这种传统集权体制是以权力为本的组织建构形式，先有权力后配置责任，君主将自己手中的权力分配到各层级官员手中，政府官员更关注自身的权力，漠视应负的责任，争权夺利成为权力本位下政府的基本特征。人类社会不断向前发展，受"主权在民""天赋人权"和以法制为核心内容的资产阶级启蒙思想和民主主义思想的影响，颠覆以往"主权在君"的思想，形成新的政府形式——代议制政府，责任政府随之产生。责任政府颠覆传统政府组织以权力为本位的政治逻辑，遵循责任本位的逻辑安排权责关系，从权责关系走向责权关系，"实现从权力本位到责任本位，是政府管理向民主政治的重大回归"。①

从现有文献来看，学术界关于责任政府的研究成果颇多，对于何为责任政府或者说责任政府的理论内涵却众说纷纭，本书梳理为以下四种观点，详见表2-2。

表2-2　责任政府内涵的四种观点

观点	主要内容
第一种	认为要对行使权力的后果负责，责任政府"需要通过立法机关向选民解释所作决策是否合理的行政机构"②
第二种	认为是一种政府体制，责任政府"需要对公共政策和国家行为负责，当议会对其投不信任票或重大决策失败时，必须辞职"③
第三种	认为是一种监督机制，责任政府"需要建立政府责任的监督机制，强化对行政权力的制约，防止权力滥用"④
第四种	认为是一种责任心，责任政府"需要政府部门的人员，从传统政治的官民观念转变为现代政治的政府与公民平等与制约的观念"⑤

资料来源：作者根据相关文献整理而来。

综合上述观点，无论基于价值内涵的广义阐述，还是基于政治的狭义界定，责任政府的核心内涵就是公共权力的行使者要对公共权力的所有者负责。

责任政府理论产生于近代资产阶级政府建立，经历从无到有、从简单到复杂、从单一到复合的过程，责任政府理论日臻完善，分为传统、

① 陈权国. 责任政府：从权力本位到责任本位 [M]. 杭州：浙江大学出版社，2009：2.

② 米勒，波格丹诺. 布莱克维尔政治学百科全书 [M]. 邓正来，译. 北京：中国政法大学出版社，2002：702.

③ Bryan A. Garner. Black's Law Dictionary •Standard Edition[M]. Thomson West, 1979:180.

④ 张成福. 责任政府论 [M]. 中国人民大学学报，2000（2）：75-82.

⑤ 李景鹏. 政府的责任和责任政府 [J]. 国家行政学院学报，2003（5）：16-19.

现代和当代三个时期。传统时期责任政府理论将责任政府与英国议会内阁制度联系起来，认为责任政府是政府及各位部长对民选议会所负有的责任，基本观点如下：第一，议会制与责任政府互为条件，议会制政府即为责任政府；第二，议会的信任构成政府执政的先决条件，表明政府与议会的从属关系，政府的施政原则是向议会负责，定期汇报工作；第三，议会的重大表决决定政府是否解散重新选举；第四，政府采取集体负责制和大臣个人负责制两种形式对议会负责，文官除外。"传统责任政府理论时期属于有限的行政责任时期，政府行政责任与官员个人的行政责任是有限的，国家至上论与主权无责论依然对政府执政产生影响。"①

在 20 世纪 30 年代以后，政府行政权力扩展到为人们提供更多生存照料的社会福利领域，建立在传统行政理论基础上以政治责任为核心的政府责任体系已不再适用，这个时期的政府责任转变价值理念，强调政府在公共服务、促进社会公平等方面的社会责任，责任政府建设进入全面行政责任时期。

20 世纪 70 年代以来西方国家开展公共行政改革运动，责任政府理论研究进入多元复合的责任机制整合阶段，主要表现在：①从传统公共行政的责任范式趋向新公共管理与新公共服务的责任范式。从伍德罗·威尔逊的"政治与行政二分法"到马克斯·韦伯的"官僚制"等传统公共行政理论中对责任概念的阐释是以命令与控制为核心，强调政府执行立法机构与政策制定机构出台的各种政策与法规，强调责任是通过法规、命令与正式的程序来避免不当行为，突出行政效率和准确执行政策，按

---

① 李军鹏. 责任政府与政府问责制 [M]. 北京：人民出版社，2009：55.

规章办事等特点。而在 20 世纪 80 年代掀起的新公共管理运动中，新公共管理理论强调的是政府服务与结果产出的新责任模式，主张政府要对结果负责、对公众负责。与传统公共行政的责任理论、新公共管理的责任理论相比，珍妮·V.登哈特和罗伯特·B.登哈特提出的新公共服务理论中认为责任处于民主治理的中心地位，公共行政官员"应该关注我们复杂治理系统的所有规范、价值和偏好"，政府应对现代民主治理的各种制度和价值规范负责。②研究的对象由英国责任内阁制扩展到不同政体下的责任政府体制。学术界在责任政府理论研究初期普遍认为责任政府等同于英国责任内阁制，随着西方责任政府体制的扩展，西方学者将研究对象扩展到不同政体下的责任政府体制，内阁制与总统制下的责任政府制度成为西方责任政府理论文献中两种主要的责任政体。如欧文·E.休斯（2001）[①]、罗伯特·格雷戈里（2003）指出议会内阁制与总统制下责任制度的区别。③政府责任由主客观责任分离向主客观责任结合转变。赫尔曼·芬纳和卡尔·弗里德里克认为由议会对行政活动进行控制的重要性，强调问责制的重要性，他们采取的是一种主客观责任分离的研究范式，而特里·L.库珀将其研究深化，将主客观责任综合进行研究成为当代责任政府理论研究的特点。④从单一的理论研究框架趋向多元复合。传统责任政府的研究框架过于单一，难以适应现代政府多元责任的要求，西方学者对此提出多因素、复合的理论分析框架。

2. 责任政府理论的核心思想

一是责任本位，回归民主。责任政府强调责任本位，政府不是凌驾于公民之上的官僚机构，必须对公民与社会负责，是政民关系向民主方

---

① 欧文·E.休斯. 公共管理导论 [M]. 北京：中国人民大学出版社，2001：271.

向的重大回归；责任政府是法治政府，政府权力是人民赋予并通过法律明确规定，要对公民负责，还要对法律负责；责任政府是服务型政府，政府向责任本位的回归是公民主体地位的回归，是以公共需求为导向的服务型政府，以公民的意愿作为责任政府制定公共政策的导向。

二是责任政府体系构建。责任政府不是单一的范畴，而是完整的复合体系，包含责任主体、责任内容、责任客体与责任机制。[1]①责任主体：世界各国界定范围有所不同，从狭义上来讲是负有执行职能的政府机构。②责任客体：是指有权追究责任的一方。根据人民民主的理论，政府的权力来源于人民的让渡和授予，人民有权对政府公共权力的行使进行监督。③责任内容：责任政府强调责任的履行与担当，政府行使公共权力，必然要承担公共责任。国外学者从不同学科视角对政府责任内容进行划分，例如：罗伯特·D.贝恩将责任分为财政责任、公平责任、绩效责任；[2]劳顿和罗斯把责任分为政治责任、管理责任、职业责任、顾客责任；[3]罗姆泽克将政府责任分为法律责任、官僚责任、政治责任和职业责任；[4]雷丁提出管理的两维度理论，区分等级责任、法律责任、专业责任、政治责任四种责任关系；[5]乔纳森·科佩尔提出责任的五维度理论，认为责任

---

① 蒋劲松. 责任政府新论 [M]. 北京：社会科学文献出版社，2005：1.

② Robert D. Behn. Rethingking Democratic Accountability[M]. Brookings Institution Press, 2001:6.

③ Lawton, Alan and Rose, Aidan. Organisation and Management in the Public Sector[M]. London: Pitiman, 1991:23.

④ Romzek, Barbara S. Where the Buck Stops: Accountability in Reformed Public Organization in Patricia[M]. San Francisco: Jossey-Buss, 1998:197.

⑤ Radin, Beryl A., Barbara S. Romzek. Accountability Expectationas in an Intergovernmantal Arena: The National Rural Development Partnership[J]. Publius, 1996(2):61.

具有透明度、法律义务、职责、可控性与回应性五个维度；①凯文·卡恩斯提出无缝隙国家的责任理论，认为影响公共服务提供者的包括法律责任、协议责任、自由裁量责任、预期责任四种责任类型。②④责任机制：是解决用何种方式与程序来承担责任的问题。然而，一切有权力的人都容易滥用权力，这是万古不易的一条经验，说明需要法律与制度才能有效约束公共权力被滥用的行为，责任政府体系中的要素如何有机结合，需要与之呼应的问责机制，问责制是建立责任政府的重要途径。

三是责任政府的基本价值。格拉弗·克拉丽斯将其归纳如下：①回应。政府必须积极回应公民的正当诉求并采取有效措施。②弹性。政府需要考虑到不同群体、不同地域的情况对政策目标达成情景的差异来制定与执行政策。③能力。政府的行为须受到恰当的、认可的目标指引，是有效率和有效能的。④正当程序。政府行为应在法律的约束下，非经法律程序不得剥夺任何人的正当权利。⑤责任。政府必须为做错的事情承担相应责任。⑥诚实。政府公职人员必须遵循行政伦理规范恪守职业道德。

四是责任政府的基本属性。责任政府承载着一种施政理念，作为全新的治理范式，既有别于封建社会"家天下"的治理模式，又有别于近现代社会的全能型政府。学术界通过探讨责任政府的基本属性，使得理论轮廓更为清晰：①政府责任的法治性。法治性是责任政府的精神内核，宪法与法律是政府及其官员履行责任的依据，政府的渎职、失职、违法行为必然承担法律责任。②公共利益的至上性。实现公共利益是责任政

---

① Jonathan G. S. Koppell. Pathologies of Accountability: ICANN and the Challenge of Multiple Acountabilities Disorder[J]. Public Administration Review, 2005(1):96.

② Kevin P. Kearns. Accountability in a Seamless Economy[M]. Handbook of Public Administration. SAGE Publication, 2003:581.

府的政治使命，责任政府将公共利益摆在首位其实是将公民正当的个人利益摆在首位。③问责主体的广泛性。责任政府区别于传统政府的鲜明特征就是问责，由立法、司法、行政、大众传媒以及公民共同组成广泛的问责体系是责任政府得以维续的合法性基础，形成群起而问之的合作局面。④权责义利的统一性。责任政府强调政府权利的授予必须以责任为依据，权责保持一致，有权无责必然会滥用权力。⑤政府责任的确定性。包括责任主体、责任对象、责任清单、责任追责的确定性。⑥责任对象的公共性。责任政府绝不是只对强势阶层与上级政府负责，归根到底是要对全体公民负责。①

3.责任政府理论对本书的适用性

梳理国内外学者对责任政府理论核心思想的阐释，与本书的主题具有一定的适用性与契合点，表现在以下方面：

第一，基本养老保险政府责任定位要以人民利益为导向。正如潘恩所言："政府的权力来自人民，必须对人民负责。"②塞缪尔·P.亨廷顿也曾说道："责任原则是民主政治的核心……权力的授予必然伴随着责任的规定。"③政府作为权力代理人必然对权力委托人——人民负责。显然，一个负责的政府必然要把实现和促进人民利益作为法理任务和政治使命，否则就不是真正的责任政府。

第二，基本养老保险政府责任定位是为了积极回应社会与公众对于

---

① 陈国权.责任政府：从权力本位到责任本位 [M].杭州：浙江大学出版社，2009：14-25；赵洁.政府的社会责任 [M].太原：山西人民出版社，2015：25.

② 潘恩.潘恩选集 [M].马清槐，译.北京：商务印书馆，1981：243.

③ 塞缪尔·P.亨廷顿.第三波——20世纪后期民主化浪潮 [M].刘军宁，译.上海：上海三联书店，1998：267.

基本养老保险的需求。随着人口老龄化程度不断加深，公民的养老需求日益凸显，"政府责任是政府对社会公众的需求作出积极回应并采取措施，公正、有效地实现公众的需求和利益"①，只有合理定位基本养老保险中的政府责任，使政府责任以更为适合的方式得以充分履行，从而积极回应公民的养老需求。

第三，基本养老保险政府责任定位需要明确政府责任构成要素。责任政府体系的构建为本书提供了借鉴，责任政府是由责任与政府两个子概念共同构成的复合概念，表达为由谁（主体）承担哪些责任。基本养老保险中的政府责任作为一个体系，如何解决定位难题离不开责任政府理论的指导，这可以从两个方面入手：一是政府与不同责任主体之间如何定位；二是政府责任构成要素之间如何定位。

第四，基本养老保险中的政府需要对结果负责。责任政府的重要制度是政府问责制，政府问责制要求权力和责任相匹配，要求政府为其决策负责，以明确的责任（数字化、指标化）执行和实现执政党的政治纲领，以及对人民的承诺。然而，建立政府问责制的目的不是未来追究责任者，而是通过明确责任来保障政策的执行，以避免责任追究的消极的行政法律制度安排。基本养老保险一旦进入政府问责制的范畴，即成为政府执政内容，养老保险预算、覆盖范围、基金管理的财政报告、待遇支付水平等内容将进入政府工作报告，并将其量化，接受人民的监督。基于政府问责制，政府将更加关注基本养老保险制度的发展，并全力整合财政资源和行政资源执行相关法律，履行宪法规定，实现政党的承诺，这是

---

① 格罗弗·斯塔林. 公共部门管理 [M]. 陈宪，译. 上海：上海译文出版社，2003：145.

其执政能力的表现。

从国际形势来看，政府基本养老保险责任领域的不断拓展直接推动政府角色的变迁：政府从最初提供法律和秩序的"守夜人"角色，向全方位干预经济社会的建设者、维护者、监管者等复合角色转变；从国内形势来看，中国政府在基本养老保险领域的角色应当有所调整，从无所不包的"全能政府"转向适当干预的"责任政府"。责任政府强调现代政府在履行职责时以公共利益为导向，关注公众的养老需求并予以积极回应，提供优质高效的公共物品，否则就要因失职而承担相应的法律后果。总而言之，唯有使政府成为"责任政府"，以责任本位作为基本养老保险政府责任定位的重要依据，才能使政府发挥积极且有效的作用。

二、公共物品理论

1. 公共物品理论的思想渊源

公共物品理论的最初思想源头来自英国学者托马斯·霍布斯（1657）所著的《利维坦》，书中提到国家本质"是一大群人相互订立信约、每个人都对它的行为授权，使它按其认为有利于和平与共同防卫的方式进行"。[1] 他的思想中隐含着公共物品效用由个人享有，但个人本身难以提供，只能由政府或集体来提供。大卫·休谟将市场不能供给公共物品的原因归结于人自私的天性，政府能够克服人性弱点，供给桥梁等公共产品。[2] 亚当·斯密认为在天赋自由制度下，政府的存在就是供给社会必需的服务，如国防和公共设施等，这些服务即现代公共经济学中的公共物品。鲍

---

[1] 霍布斯. 利维坦 [M]. 北京：商务印书馆，1985：132.

[2] 休谟. 人性论 [M]. 北京：商务印书馆，1983：577-579.

德威和威迪逊开始认识到公共物品两大特性的存在，"运用边际效用价值理论来论证政府在市场经济运行中的合理性和互补性"[①]，为公共物品理论形成奠定了理论基础。公共物品理论的最初思想渊源是与政府职能范围逐渐明晰同步而行的，市场失灵现象的出现使公共物品基本概念初步形成，同时赋予政府提供公共物品的使命，但古典经济学理论框架将其局限于维护国家安全、财政权力等方面，并未正式形成公共物品理论。

2. 公共物品理论的核心思想

1954 年，美国经济学家保罗·萨缪尔森发表的《公共支出的纯理论》和《公共支出理论图释》标志着公共物品理论的正式形成，理查德·阿贝尔·马斯格雷夫、詹姆斯·布坎南、约瑟夫·斯蒂格利茨等学者也从不同的角度诠释与丰富了该理论。

（1）公共物品的内涵与特征。美国经济学家保罗·萨缪尔森将物品分为私人和公共两种类型，私人物品是具有排他性且具有较强竞争性的物品或服务，而公共物品的核心是"公共性"，其经典解释为："每一个人对这种产品的消费并不减少任何他人也对这种产品的消费。"[②]理查德·阿贝尔·马斯格雷夫进一步引入非排他性概念，最终完善公共物品的定义。综合上述学者的观点，可以把公共物品理解为供社会成员共同享用的物品，与私人物品相反，私人物品的效用是可分割的，谁付款谁受益，而公共物品具有消费上的非竞争性和非排他性。如表 2-3 所示，埃莉诺·奥斯特罗姆详细区分两种物品的属性，从而更好地理解公共物

---

① 鲍德威，威迪逊. 公共部门经济学 [M]. 邓力平，译. 北京：中国人民大学出版社，2000：2.

② Samuelson, Paul A. The Pure Theory of Public Expenditure[J]. Review of Economic and Statistics, 1954(36):387-389.

品的内涵。

表2-3 私人物品与公共物品的区分

私人物品	公共物品
容易排出未付费的人	难以排出未付费的人
只能由一个人消费	由许多人共同消费
个人可选择消费或不消费	个人不能选择消费或不消费
相对容易衡量物品的质和量	相对较难衡量物品的质和量
个人可选择消费物品的种类和质量	个人对物品种类和质量几乎没有选择
配置决策主要依据市场机制做出	配置决策主要通过政治程序做出

资料来源：埃莉诺·奥斯特罗姆.公益物品和公共选择[M].毛寿龙,译.上海：上海三联书店，2000：103.

（2）公共物品的分类。诚如詹姆斯·布坎南所言,现实生活中符合"萨缪尔森条件"的公共物品并不多,大量存在的是介于纯公共物品与私人物品之间的准公共物品。依照公共物品内涵可分为三类：第一类是纯公共物品,即同时具有非排他性和非竞争性,如国防、司法；第二类公共物品在消费上具有非竞争性,却具有排他性,被形象地称为"俱乐部物品",如收费使用的球场；第三类公共物品与俱乐部物品刚好相反,难以通过收费方式将不付费者有效排除在外,"具有私益物品那样的竞争性,又像公益物品一样难以排他"①,故将这类物品称为公共池塘资源,如公海的鱼类。俱乐部物品与公共池塘资源统称为"准公共物品",拥挤性是其区别于纯公共物品的重要特征。当达到"拥挤点"临界值后,每增加一位使用者必将减少原来使用者的效用,如社会保障中的养老保险、医疗保险等公共资源,会因为享用者太多而面临供给不足的问题。

---

① 埃莉诺·奥斯特罗姆.规则、博弈与公共池塘[M].王巧玲,译.西安：陕西人民出版社,2011：6.

（3）公共物品的供给。公共物品理论最为核心的问题是公共物品由谁提供和在多大程度上提供的问题，不同属性的公共物品为了达到资源配置的最佳状态需要寻找最有效率的供给主体与方式，尤其是俱乐部物品和公共池塘资源属于准公共物品，其"公共性"并不具有绝对性，政府不再是唯一的供给主体，市场、个人以及其他组织形式参与供给成为现实必要。埃莉诺·奥斯特罗姆通过反思前人用以分析公共事务的三种理论模型，即加勒特·哈丁的"公地悲剧"、艾伯特的"囚徒困境"、曼瑟尔·奥尔森的"集体行动的逻辑"，[①]反对传统的政策方案提供解决公共池塘资源占用者集体行动困境的"两条道路"，提出基于公共物品的多元合作供给模式。她认为政府、市场、社会三方共同参与公共事务管理，公民成为公共物品的供给者，改变三方在公共事务管理中的不对称关系，这种模式超越政府供给模式与社会自主供给模式，将两者综合在一个规则体系中，从而实现多元供给主体之间的良性互动。

3. 公共物品理论对本书的适用性

理论相关性与适用性是进一步研究的前提，梳理公共物品理论的思想渊源与核心思想，公共物品理论对本书具有一定的适用性。

一是判别基本养老保险的物品属性来定位政府责任。国内外学者关于基本养老保险物品属性存在争议，在纯公共物品还是准公共物品的界定上未能形成统一意见。从基本养老保险物品属性来看，首先，基本养老保险的消费具有竞争性。如果增加一个人对基本养老保险的消费，显然会减少其他人的消费，不可能存在一个人的消费不会妨碍其他人对其

---

① 埃莉诺·奥斯特罗姆. 公共事务的治理之道——集体行动制度的演进 [M]. 余逊达，译. 上海：上海译文出版社，2015：2-8.

消费的情况。其次，基本养老保险的受益具有非排他性。无论是从英国《济贫法》、德国《老年和残障社会保险法》到美国《社会保障法》等国家层面的法律，还是从《世界人权宣言》《经济、社会和文化权利国际公约》到《社会保障最低标准公约》等国际性公约，承载着满满的政府承担养老保障责任的法律"精神"。任何个人都不影响其他人的参保权利，并且也不能将其他参保人排除在基本养老保险体系之外，即所有人都具有公平的参保权利。最后，基本养老保险的效用具有部分不可分割性。老年人消费养老金所获得的效用不能完全清晰地分割，因为政府提供强制性的基本养老保险所带来的社会公平和稳定可以被所有的社会成员共享。郑秉文（2013）认为基本养老保险统筹基金带有明确的"专属性"，不具有"私有性"，就像是一个"公共池塘"，共同属于参保人群体，无法明确划分每个人有几份，具有典型的"公地悲剧"的性质。①因此，本书认为基本养老保险具有准公共物品属性。公共物品理论依据公共物品消费的不可分割性和非排他性与"搭便车"倾向之间的矛盾，得出自利的私人难以合作、公共物品供给是政府必然责任的结论，政府是公共利益的天然捍卫者。基本养老保险作为准公共产品，意味着基本养老保险这一"物品"主要通过"政治制度"而非"市场制度"来供给，"政治制度"是由政府主导公共物品供给制度，政府是重要的供给责任主体。

二是公共物品理论为多元主体供给中的政府责任定位提供理论依据。中国基本养老保险制度实现转型后，政府并不是基本养老保险的唯一提

---

① 提高养老保险统筹层次难在哪里？［N/OL］. 经济参考报，2013-6-12. http://jjckb. xinhuanet.com/2013-06/21/content_451513.htm.

供者，奥斯特罗姆将那些计划和安排公共池塘资源的称为"提供者"，现代基本养老保险制度的"提供者"主要有政府、企业与个人三方。政府责任是一个抽象的责任约定，要使政府责任合理定位，政府责任必须明确，必须与某一具体的责任主体紧密联系，否则政府责任就会落空，政府需要与市场、社会等不同主体良性互动。随着市场和公民社会的不断发展，政府可以把原来独自承担的责任，逐渐转移一部分给市场和社会，"政府权力的限制与国家职能的缩小，并不意味着公共权威的消失，只是这种公共权威日益建立在政府、市场与社会相互合作的基础之上"。①只有将政府始终作为多元主体供给的中心，多元主体供给的存在并不代表分散政府责任，而是进一步优化政府责任，通过寻求一种对基本养老保险制度供给的合理定位与平衡，政府更有效地承担起供给责任。为了能够清晰地定位政府责任，运用公共物品理论分析政府在基本养老保险中的供给限度，为解决本书的难点问题提供思路与理论依据。

第三节　分析框架的构建

在厘清基本养老保险、政府责任、定位等核心概念内涵的基础上，将责任政府理论、公共物品理论作为构建理论分析框架的理论基础，本节试图回答应按照什么样的逻辑结构来构建基本养老保险政府责任定位的分析框架，并详细刻画分析框架的具体研究内容和分析路径，详见图2-1。从前文分析来看，依据公共物品理论，本书认为基本养老保险具

---

① 俞可平．治理与善治［M］．北京：社会科学文献出版社，2000：14.

有准公共物品的属性，政府是基本养老保险中的重要责任主体，但并不是唯一的提供者，从而明确政府在其中所承担的角色。彼得·巴韦里斯（1998）认为责任由五个部分组成，包括由谁负责、对什么负责、对谁负责、怎样负责、有什么样的责任产出。[①] 政府在基本养老保险中应该承担哪些责任，如何对这些责任进行划分，明确政府责任构成要素成为基本养老保险政府责任定位的核心部分。

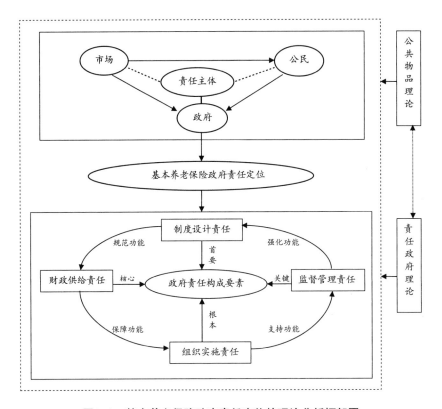

图2-1　基本养老保险政府责任定位的理论分析框架图

---

① Peter Barberis.The New Public Management and a New Acountability[M].Public Administration,1998(7):466.

一、基本养老保险政府责任构成要素

目前国内学者关于政府责任构成要素未能达成统一的观点，集中于政府责任一元论和政府责任多元论。部分学者如刘远风（2011）[①]、陈文辉（2008）[②]认为实现养老保障目标，政府只需承担财政兜底责任；也有部分学者支持政府责任多元论的观点，如杨方方（2005）认为将其分为设计和规范责任、财政责任、监管责任和实施责任。[③]艾联芳（2007）认为基本养老保险政府责任主要体现为：用法律法规保证制度稳定实施；通过政府预算的方式承担部分费用；基金入不敷出时，充当"最后出台"的角色。[④]李艳军和王瑜（2007）认为政府责任具体表现在建立制度安排、提供资金支持、确保最低收入和实施严格监管等方面。[⑤]王顺（2014）认为政府在基本养老保险制度中只需提供有限的责任，体现在四个方面：一是制度投入；二是组织投入；三是资金投入；四是培育市场和个人责任。[⑥]

国外学者虽然没有明确此方面的研究，但从相关观点中能够找寻依据：以施穆勒（1875）、阿道夫·瓦格纳（1876）为代表的德国新历史学派政府责任思想体现政府负有制度设计责任，主张通过制定劳动保

① 刘远风. 养老保险中的政府责任——基于风险管理的视角 [J]. 社会保障研究, 2011（4）: 17.

② 陈文辉. 建立多支柱的养老保障体系——俄罗斯、波兰的养老保障体系及其启示 [J]. 中国金融, 2008（8）: 20.

③ 杨方方. 我国养老保险制度演变与政府责任 [J]. 中国软科学, 2005（2）: 19.

④ 艾联芳. 政府在养老保险改革中的责任 [J]. 武汉冶金管理干部学院学报, 2007（2）: 12.

⑤ 李艳军, 王瑜. 养老保险中的政府责任: 一个分析框架 [J]. 重庆社会科学, 2007（7）: 95.

⑥ 王顺. 浅谈政府在养老保险中的责任 [J]. 理论观察, 2014（3）: 34-35.

险法、孤寡救济法，建立合理的社会机制来解决当时德国面临的严峻的劳资冲突问题；庇古（1920）认为政府应建立有效收入转移支付制度，实现人人享有养老金制度，以促进社会公平、增进社会福利；贝弗里奇（1942）的《社会保险及相关服务》报告中蕴藏着丰富政府责任的思想理念，通过建立统一的国民保险制度，对每一位公民提供包含养老金、儿童补助、残疾津贴、失业救济等在内的社会保障；凯恩斯（1936）在《就业、利率和货币通论》中主张政府通过扩大财政支出，实行赤字财政政策和税收政策吸引投资，并由政府兴办公共工程，通过累进所得税等办法将富人的部分收入转移给穷人；以威克塞尔（1898）、缪尔达尔（1931）为代表的瑞典学派认为一个理想的社会应当把福利普遍给予每一位社会成员，国家应当负有公共物品与劳务供应、经济稳定、收入和财富分配等职责。① 通过梳理国内外已有研究成果，本书将基本养老保险政府责任构成要素界定为制度设计责任、财政供给责任、组织实施责任、监督管理责任四个要素。

二、政府责任构成要素的分析框架

贝塔朗菲（1955）认为系统是相互作用的诸要素的综合体，具有三个条件：一是由两个以上的要素构成；二是要素与要素之间存在有机联系；三是任何系统都有特定的功能。② 基本养老保险中的政府责任具备作为一个系统的条件，四个政府责任构成要素之间的相互关联、有机互动，从而形成逻辑严密的有机统一体。依据责任政府理论，本书运用系统分

---

① 邓大松. 社会保障理论与实践发展研究 [M]. 北京：人民出版社，2007：99-101.
② 杨博文. 社会系统工程概论 [M]. 北京：石油工业出版社，2008：26.

析法构建政府责任构成要素的分析框架，目的是厘清各责任要素之间的内在关联性，使各责任要素相互契合，共同发挥基本养老保险政府责任定位的整体性效能。

1.政府责任构成要素的结构

系统论认为事物系统整体性能一方面取决于构成这些系统的基本要素的性质及其排列组合状态，另一方面则是构成整体的各要素之间的相互作用、相互联系、相互影响的结果。[①] 结构是系统内部要素相互作用的秩序，即要素相对稳定且有一定规则联系方式的综合。具体到基本养老保险，从宏观整体角度分析政府责任构成要素之间的结构关系。

（1）制度设计责任要素。"制度是为决定相互关系而人为设定的规则。"[②] 制度设计责任是指政府通过明确建制理念，制定政策措施，对制度安排进行科学、合理的设计，是政府在基本养老保险中承担的首要责任。因为制度设计涉及诸多复杂因素，在各主体中只有政府具备实力与资源，可以协调各方利益关系，从宏观上设计制度的框架。正如政策科学家 T.B. 史密斯所言，影响公共政策实施的首要因素是政策制定是否科学，其制度设计科学与否直接影响制度实施目标与效果能否实现。因而，政府在设计基本养老保险制度时考虑的因素有：首先是要有明确的制度设计理念与目标，将制度设计内容具体清晰化，不能仅作笼统规定；其次是合理的制度设计，政府要兼顾各方利益，设计的内容是否具有针对性，并符合公民养老需求与意愿，是否具有可行性；最后是稳定的制度设计，要想使基本养老保险制度长期稳定发展，制度设计不能频繁变动，否则

① 许国志.系统科学 [M].上海：上海科技教育出版社，2000：34.

② 道格拉斯·C.诺斯.制度、制度变迁与经济效益 [M].上海：上海三联书店，1994：20.

将影响公众的政策认同。

（2）财政供给责任要素。基本养老保险是使用经济手段解决劳动者的养老风险问题，是缓解劳资之间利益冲突、促进社会公平的收入调节机制，它的建立与运行离不开政府的财力支撑。从中外政府介入养老保险的普遍规律来看，世界各国财政均不同程度地为基本养老保险提供支持，可以说，财政供给责任是政府承担基本养老保险责任中的核心要素。财政一般有两种供给方式：一是财政直接列支，即财政拨款直接补贴养老保险；二是通过税收优惠，如用人单位和个人缴费在税收列支。中国基本养老保险制度经历了从现收现付制向统账结合模式转变，政府在基本养老保险中的财政供给责任主要分为：①财政兜底责任。从财政收支角度来看，虽然理想的基本养老保险在资金运行时应实现自我平衡，但受国民人均寿命、老年人口抚养比、经济增长率、通货膨胀率以及缴费率等因素影响，形成不确定性风险会造成基本养老保险基金运营出现缺口。对于实践中无法避免的"缺口"，政府有责任予以弥补，承担养老保险的财政兜底责任。②财政补贴责任。主要包括政府直接财政拨款和财政分担缴费责任两种形式。中国政府通常对公务员、城乡居民两类人群的养老金缴费提供财政补贴。③历史债务责任。由于中国养老保险转型带来的"转制成本"，政府需要承担特殊的财政责任。陈丰元（2013）则认为转制成本就是"老人"缺少的个人账户积累和"中人"需要支付的过渡性养老金（实际也是个人账户积累）。[1] 也有学者对此责任进一步划分，如林治芬（2004）认为旧体制遗留下的历史债务由中央政府承担，

---

[1] 陈丰元. 基本养老保险转轨成本的计算偏差与偿付机制 [J]. 保险研究，2013（11）：120.

而新制度运行下社会统筹缺口由地方政府承担。[①]本书认为转制成本与基本养老保险制度转型紧密联系，历史债务必须要由政府进行清偿，转制成本属于隐性债务的范畴，但其规模远远小于隐性债务，隐性债务类似于一种"期权"的东西，应由下一代、企业、政府共同承担。

（3）组织实施责任要素。为了保证基本养老保险的社会效应，必然要强调政府的组织实施责任，这是政府承担基本养老保险责任中的根本责任，其终极目的是设置基本养老保险组织机构，包括基本养老保险管理机构和经办机构。基本养老保险管理机构主要负责具体组织实施基本养老保险发展计划、征缴与支付水平的选择、指导性的管理和监督检查等工作，人力资源和社会保障部是养老保险事务的最高主管部门，各级地方政府中的人力资源与社会保障部门，也按照这种设置内设机构。基本养老保险经办服务机构是向公民提供特定项目养老保险服务的机构，主要职责是筹集和管理养老保险基金、给付养老保险待遇、组织养老保险服务活动、确认公民享受养老保险待遇的资格。

（4）监督管理责任要素。监督管理责任是政府承担基本养老保险责任中的关键责任，目的是保证基本养老保险制度的合理、高效运行并确保其目标的实现，这是政府作为基本养老保险制度管理者的内在要求。监督管理责任具体细化为：①监管模式的选择。国际上分为分散监督模式、集中监管模式、集散结合监管模式，中国政府应根据中国实际情况选择与制定符合中国国情的监督模式。②构建监管体系。基本养老保险政府监管责任需要通过具有监管权力的监督体系来实现，构建由国家权力机

---

① 林治芬. 中国养老保险最终目标与现实路径选择 [J]. 财政研究，2004（3）：17-21.

构监管、行政监管、司法监管、专门监管、社会监管构成的基本养老保险监管体系。③政府监管责任的具体内容包括政府对基本养老保险的日常监督与基金监管。日常监督是政府对基本养老保险制度日常运行的监督，主要采取专项监督、不定期监督等多种形式，及时发现基本养老保险管理中的各种违规现象；基金监督是政府部门对基本养老保险基金管理组织的资格审查、投资运营过程的监督，其目标是在保证基本养老保险基金安全的基础上实现保值增值。

2. 政府责任构成要素的功能

系统论认为结构决定系统功能，功能是结构的外化表现，是系统内部各要素之间活动关系的总称。① 系统不仅是各构成要素按一定方式、相互联系的静态过程，还是各要素间相互作用、推进其系统运动变化的动态过程，内在关联性表现为："各要素间或多或少发生相互作用，任何一个要素的变动都可能会牵一发而动全身，进而改变系统的结构功能。"② 基本养老保险中的政府责任是由制度设计责任、财政供给责任、组织实施责任、监督管理责任四个紧密联系的要素共同构成的，这个系统具备四个责任要素都不能涵盖的性质与功能，并且在与外部环境交互中，不断进行动态的自我完善。

四个政府责任构成要素体现现实环境对政府管理的要求，从四个方面全面履行基本养老保险的政府行为，就具体责任而言，它们之间既相互联系，又相互区别，了解这些联系与区别对于落实基本养老保险中的政府责任具有重要的实践意义。首先，制度设计责任具有规范功能，其

---

① 富永健一. 社会学原理 [M]. 北京：社会科学文献出版社，1992：52.
② 张陨. 中国社会保障体系系统论 [J]. 特区理论与实践，1995（2）：11.

作为政府责任构成要素中的首要责任，通过明确制度设计理念构建科学、合理的制度安排，使得各责任要素运行做到有章可循，有序履行。如果制度设计不合理，缺乏统一的规划，必然导致各责任要素缺乏协调与衔接，致使制度难以运行。其次，财政供给责任具有保障功能，其作为政府责任构成要素中的核心责任，通过规范制度设计将财政供给输入到各责任要素中，形成稳定的保障机制，如果缺乏财政供给支持，难以保障各责任要素能够履行到位。再次，组织实施责任具有支持功能，其作为政府责任构成要素中的根本责任，通过科学定位组织机构，履行政府实施责任，用组织建设来支持各责任要素运行。最后，监督管理责任具有强化功能，其作为政府责任构成要素中的关键责任，通过加强监管力度强化各责任要素运行效果，及时更正各责任要素运行过程中出现偏离目标的情况，保证各责任要素能够运行顺畅。正是四个构成要素间相互联系与作用，形成稳定功能共同构成基本养老保险政府责任定位系统，构成一个有机的整体，以达到系统整体的动态平衡。

第四节　本章小结

实现基本养老保险政府责任合理定位，必然需要有理论分析框架做铺垫，因为理论能为实践性的探索奠定基础。本章从理论上高度把握基本养老保险政府责任定位的内涵与外延，进而构建相对完整的理论分析框架。首先，对养老保险、政府责任、定位核心概念进行缕析与界定，从定位内涵中的"明确事物的名位"和"一定的规矩或范围"两个层面去明确基本养老保险政府责任定位的含义。其次，从宏观层面详述责任政府理论、公共物品理论作为全文分析铺垫的理论基础。最后，从微观层面总结国内外已有研究成果，将中国基本养老保险政府责任构成要素界定为制度设计责任、财政供给责任、组织实施责任、监督管理责任四个要素。根据责任政府理论，运用系统分析法构建政府责任构成要素的分析框架，目的是探讨厘清各责任要素之间的内在关联性，使各责任要素实现相互契合与有机统一，发挥基本养老保险政府责任定位的整体性效能，同时也为以下章节的研究提供具体的分析框架。

第三章　中国基本养老保险政府责任定位反思

"制度变迁是制度创立、变更及随着时间变化而被打破的方式"，[①]任何一项制度安排的产生与存续，都深深植根于所处的时代，并受现实国情及社会发展阶段的制约与影响，一个国家基本养老保险制度的选择与建立同样由当时的经济社会制度安排所决定。自 1951 年《中华人民共和国劳动保险条例》颁布以来，中国基本养老保险制度经历了从无到有、从城市到农村、从残缺到完善不断变迁的过程，其中最活跃的因素就是制度变迁主体——政府。基于构建的分析框架，本章主要是以史为鉴，总结规律，反思现状。

第一节　中国基本养老保险政府责任定位演变

国内学者多数主张以中国经济体制改革的起始时间作为划分基本养老保险制度的界限，其原因是中国自 20 世纪 80 年代进入改革开放时期，从计划经济转型为市场经济，由单位支撑的传统退休养老制度难以为继。

---

① 道格拉斯·C. 诺斯 . 经济史中的结构与变迁 [M]. 陈郁，罗华平，译 . 上海：上海人民出版社，1994：225.

主张划分为两个历史发展阶段的有：邓大松和胡宏伟（2008）主张将其划分为传统养老保险阶段、养老保险调整与改革阶段；[①] 郑功成（2008）认为是从国家—单位保障制到国家—社会保障制的全面而深刻的制度变革。[②] 也有部分学者主张分为三个阶段，养老保险制度改革与发展研究课题组（2014）认为可以分为三个阶段：一是与计划经济体制相适应的"劳动保险阶段"；二是与计划经济体制向市场经济转轨相适应的"社会保险的探索阶段"；三是与全面建设小康社会相适应的"统筹城乡养老保险制度创新阶段"。[③] 借鉴已有研究成果，本书考虑到三种不同养老保险制度的划分具有一定的复杂性，主张从计划经济时期、改革开放初期、深化改革时期详细分析养老保险制度变迁中政府责任定位的演变规律。

一、计划经济时期养老保险政府责任定位

在战争废墟上建立起来的新中国政府面临一个破旧立新、百废待兴的境况，仅在机关、铁路、海关、邮局等事关国家经济命脉的关键部门延续新中国成立之前的退休保障制度。直到1951年，由政务院颁布的《中华人民共和国劳动保险条例》正式宣布建立企业职工养老保险制度，以契合当时恢复国民经济、鼓舞职工生产热忱的需要。本书以此作为基本养老保险制度划分的开端，这一时期的起始时间为1951年至1977年改革开放之前，再以1966年为界限划分为两个阶段，前一个阶段是

① 邓大松，胡宏伟. 中国养老保险制度及其改革回顾 [C]. 中国社会保障制度建设30年：回顾与前瞻学术研讨会论文集，2008（5）：215.

② 郑功成. 从国家—单位保障制走向国家—社会保障制 [J]. 社会保障研究，2008（2）：1.

③ 养老保险制度改革与发展研究课题组. 养老保险制度改革与发展 [M]. 北京：华龄出版社，2014：3.

1951 ~ 1966 年的"国家 / 企业保险"阶段，后一个阶段为 1966 ~ 1976 年"文化大革命"时期的"企业保险"阶段。

1. 国家 / 企业保险阶段

这一阶段中国老龄人口比重保持在 4.5% 左右，[①] 人口结构相对年轻。由于中国在政治上实行高度集权的管理模式，在经济上实行的是计划经济体制，受此影响，养老保险制度经历从无到有的阶段，"由政府制定规则并承担最终责任，被分配到各单位的社会成员依附于所在集体享受养老保障待遇"[②]，是一种由国家主导下的单位保障制。"具有典型的全面保障、单位包办、封闭运行的特征"[③]，政府责任可谓是"无所不包"，如表 3-1 所示，可以清晰地了解这个时期养老保险政府责任定位的具体表现。

表3-1　计划经济时期养老保险政府责任定位的具体表现

	城镇职工		农村居民
	城镇企业职工	机关事业单位职工	
制度设计责任	法规条例：《中华人民共和国劳动保险条例》（1951）、《中华人民共和国劳动保险条例若干修正决定》（1953）、《国务院关于工人、职员退休处理的暂行规定》（1958）	法规条例：《国家机关工作人员退休处理暂行办法》（1955）、《关于国家机关工作人员退休和工作年限计算等几个问题的补充通知》（1955）	依靠传统的家庭养老方式以及农村生产合作社承担的五保制度
	覆盖范围：国营企业职工	覆盖范围：国家机关工作人员	
	模式设计：现收现付制	模式设计：现收现付制	
财政供给责任	由企业负担，按职工工资总额的 3%	由财政拨款	
组织实施责任	中华全国总工会为最高领导机关，各地方工会组织负责实施	各级人事工作部门负责实施	
监督管理责任	劳动部是最高监督机构	人事部门主管	

资料来源：笔者根据相关政策法规整理而来。

① 养老保险制度改革与发展研究课题组. 养老保险制度改革与发展研究 [M]. 北京：华龄出版社，2014：4.

② 王一. 权利视角下社会福利观的演进与反思 [J]. 社会科学战线，2015（9）：220.

③ 郑功成. 中国社会保障制度变革挑战 [J]. 决策探索，2014（1）：18.

从制度设计责任来看，政府作为制度的首要设计者，在总结革命斗争和国家建设初期建设养老保险制度经验的同时，借鉴苏联"国家保险"模式，建立一个具有东方福利思想特色的"国家/企业保险"模式。[①]政府相继颁布《中华人民共和国劳动保险条例》《国务院关于工人、职员退休处理的暂行规定》《国家机关工作人员退休处理暂行办法》等，初步设计城镇企业职工、机关事业单位养老保险制度的雏形。但政府在其设计中将城镇劳动者分割到各个单位组织内，从属于不同性质"单位"的社会成员按照"身份"划分为不同的簇群，制度处于封闭运行的状态；与此同时，呈现较为明显的城乡分立特征，政府把有限资源向城市倾斜，农民的养老主要依靠家庭、土地保障与农村五保制度。

从财政供给责任来看，《中华人民共和国劳动保险条例》明确规定，企业每月须按照职工工资总额的3%缴纳保险费，而机关事业单位按照《国家机关工作人员退休处理暂行办法》由财政拨款。由于这一阶段养老保险是建立在政企不分、实行统收统支财政体制下的，单位负责缴费的责任只不过是政府责任的延续，个人无须承担制度的成本收益问题，失去创造制度保障资源的内在动力，政府在财政供给沿袭着"大包大揽"的"苏联范式"。

从组织实施责任来看，中华全国总工会及下属各级工会组织承担着这个时期养老保险制度的管理、运行和经办，可见工会组织在这个阶段的企业职工养老保险中发挥着重要的功能与作用。这种采取工会系统主导的"国家统筹与企业保险"相结合的方式，实质上是在劳动保险的管

---

① 马杰，郑秉文. 计划经济时期下新中国社会保障制度的再评价 [J]. 马克思主义研究，2005（1）：38-48.

理机构与企业之间构建连体共生的特殊关系；而机关事业单位则由各级人事部门负责具体实施工作。

从监督管理责任来看，作为全国企业劳动保险事业最高领导机关的中华全国总工会与负责制定企业劳动保险有关政策、全国社会保险事业的最高监督机构的劳动部共同发挥监督管理的作用。《劳动保险条例》明确规定养老保险基金的70%由工会统筹使用，30%上缴全国总工会委托中国人民银行代理保管，作为劳动保险总基金；机关事业单位养老保险基金监管则一直由人事部门负责。

2. 企业保险阶段

1966年5月，中国开始经历十年之久的"文化大革命"，政治、经济、文化等各个方面都受到严重冲击，创建不久并稳步发展的基本养老保险制度遭到严重破坏，各级工会组织被迫停止活动，养老保险工作陷入瘫痪状态。直到1969年劳动部接管，形成将劳动保险政策制定、业务管理和监督检查等多种职能集于一身的管理格局，勉强维持着制度的运行。机关事业单位退休制度则一直由人事部门与组织部门负责管理，其资金虽然来源于财政拨款，但管理体制同样走向单位化。[1] 这一阶段的基本养老保险制度深受政治目标与行政框架的影响，缺乏独立性，社会保险退化成为单位保险。[2] 尤其在财政供给责任方面，"文化大革命"前期全国累计约4亿元的劳动保险金被全部冻结上交国库转为财政资金，《关于国营企业财务工作中几项制度的改革意见（草案）》规定国营企业一

---

[1] 郑功成. 中国社会保障制度变迁与评估 [M]. 北京：中国人民大学出版社，2002：83.

[2] 邓大松，胡宏伟. 中国养老保险制度及其改革回顾 [C]. 中国社会保障制度建设30年：回顾与前瞻学术研讨会论文，2008（5）：217.

律停止提取劳动保险金，^①取消劳动保险制度财政固有的统筹调剂功能，职工退休养老由社会事务演变为职工单位的内部事务，使得原本调剂功能有限的"国家/企业保险"蜕变为各自分割、封闭运行的"企业保险"。

总的来看，计划经济时期养老保险制度在增进劳动者的福利、解决城镇企业职工养老之忧的同时，也因过分强调政府责任、制度内严重的内在缺陷而不具有可持续性，拖垮国有企业，最终成为国家的负担。

二、改革开放初期养老保险政府责任定位

1976 年 10 月，"文化大革命"结束，党和国家的工作重心逐步由以阶级斗争为纲领转移到经济建设上来，中国进入新的历史发展时期。1978 年，党的十一届三中全会拉开向社会主义市场经济转型历史性进程的帷幕，本书以此作为这个时期划分的开端。"中国基本养老保险制度也随之进入改革、发展和探索的新的历史性阶段，呈现出'渐进式'、效率取向等特征，与经济发展阶段变化密切关系。"^②尤其是进行国有企业改革，原有的与"国家/企业保险"制度和"企业保险"制度相适应的制度基石——计划经济体制逐步瓦解，一些年龄结构大、离退休职工多的纺织业、轻工业、手工业等国有企业因此陷入不堪重负的境地，要么通过财政补贴勉强维持退休人员生活，要么因经营每况愈下而拖欠退休人员待遇。^③政府开始把各种公共服务和社会福利的责任推向市场与社会，

---

① 李志明. 中国城镇企业职工养老保险制度的历时性研究 [M]. 北京：知识产权出版社，2015：54.

② 屈小博. 中国养老保险制度的演变、发展与思考 [J]. 社会科学管理与评论，2010（3）：57.

③ 董克用. 中国经济改革 30 年 [M]. 重庆：重庆大学出版社，2008：17-22.

去单位化成为这个时期养老保险改革的主要特征，公民与国家的社会关系由原来的"国家—单位—个人"的结构转变为"国家—个人"，失去单位这一级的缓冲，导致社会日益复杂化与多元化。这一时期养老保险制度中政府责任逐步"淡出"，强调市场与个人的责任，呈现双轨运行、城乡二元等鲜明特征，如表3-2所示，可以清晰地了解这个时期养老保险政府责任定位的具体表现。

表3-2　改革开放初期养老保险政府责任定位的具体表现

	城镇职工		农村居民
	城镇企业职工	机关事业单位职工	
制度设计责任	法规条例：《国营企业实行劳动合同制暂行规定》（1986）、《国务院关于企业职工养老保险制度改革的决定》（1991）	法规条例：《关于安置老弱病残干部的暂行办法》（1978）、《关于机关、事业单位养老保险制度改革有关问题的通知》（1992）	法规条例：《县级农村社会养老保险基本方案（试行）》（1992）
	覆盖范围：城镇集体所有制企业、对外商投资中方职工、城镇私营企业职工和个人劳动者	覆盖范围：机关、事业单位工作人员	覆盖范围：市城镇户口、不由国家供应商品粮的农村人口
	制度模式：现收现付制	制度模式：现收现付制	制度模式：实行个人账户储备积累制
财政供给责任	国家、企业、个人三方共同承担，职工个人按照不超过本人标准工资的3%缴纳	由政府与单位负责，资金来源于国家财政拨款	以个人缴纳为主，集体补助为辅，政府给予政策扶持责任
组织实施责任	劳动部和地方各级劳动部门负责管理企业职工的养老保险工作；劳动部所属的社会保险管理机构负责具体经办业务	各级人事部门负责组织实施	农村社会养老保险事业管理处（隶属民政局）负责组织实施
监督管理责任	社会保险管理机构负责基金管理，并接受财政、审计、银行、工会的监督	人事部门主管	县级以上人民政府设立的农村社会养老保险基金管理委员会主管

资料来源：笔者根据相关政策法规整理而来。

从制度设计责任来看，政府相继出台多项条例改革原有制度。1991年国务院颁布《关于企业职工养老保险制度改革的决定》，城镇企业职工养老保险进行改革探索，由"企业保险"向"社会保险"转型。政府对于机关事业单位养老保险改革相对滞后，1992年颁布《关于机关、事业单位养老保险制度改革有关问题的通知》，由于涉及各方利益，仅对机关事业单位养老保险改革提出指导性意见，在有条件的地方开展试点工作。此外，1992年颁布《县级农村社会养老保险基本方案（试行）》，探索建立农村养老保险制度，由于制度设计的缺陷，出现大规模退保现象，"老农保"陷入停滞状态。政府在这一时期的养老保险制度设计上缺乏整体性，导致制度形成双轨制。

从财政供给责任来看，企业职工养老保险制度改变完全由国家、企业包下来的办法，实行国家、企业、个人三方共同承担，尤其是明确规定职工按照不超过本人标准工资的3%缴纳一定的费用；对于机关事业单位养老保险而言，政府并未延续企业养老保险改革的步调，财政依旧是资金供给的来源；在"老农保"中政府仅作为政策扶持者，并不承担财政供给责任，个人与集体成为资金供给主力军，过度强调个人责任，成为农村养老保险制度难以推行的主要制约因素。

从组织实施责任来看，企业职工养老保险的组织实施责任是由劳动部与地方各级劳动部门负责管理的，由劳动部所属的社会保险管理机构负责具体经办业务，彻底告别工会系统。截至1990年，各级劳动部门设立专职养老保险经办机构3328个，配置管理人员2万余人，[1] 离退休人

---

① 国务院政策研究课题组. 中国社会保险制度改革 [M]. 北京：中国社会科学出版社，1993：32.

员养老金开始由养老保险经办机构负责发放；这个时期的机关事业单位养老保险还是由人事部门主管，各级人事部门负责具体实施工作，而农村养老保险是由隶属于民政部门的农村社会养老保险事业管理处负责组织实施的。这个时期组织实施机构分别为劳动部、人事部、民政部，组织实施责任处于相互分离的状态。

从监督管理责任来看，企业职工养老保险由社会保险管理机构负责基金管理，并接受财政、审计、银行、工会的监督；然而，机关事业单位养老保险改革方向未明，延续改革开放初期前的状态，由各级地方人事部门负责监督管理；农村养老保险则由县级以上人民政府设立的农村社会养老保险基金管理委员会负责监督。这个时期养老保险政府监督管理责任凸显出一种"地方性"。

三、深化改革时期养老保险政府责任定位

随着市场经济的深入改革，社会矛盾日益加剧，政府将维护合法性的基础从"促进经济发展的单柱模式"转向"提高社会福利与促进经济发展共存的双柱模式"，[①]"主要任务全面转向理性选择实现制度设计目标的各种技术方案和体制机制，着手解决制度转型过程中出现的各种新问题，填补以往改革之缺漏、矫正以往改革之偏差"。[②]这一时期政府在基本养老保险中责任逐步"归位"，尝试理性回归，详见表3-3。

---

① 叶托.中国地方政府行为选择研究——基于制度逻辑的分析框架 [M].广州：广东人民出版社，2014：139.

② 郑功成.科学发展观与共享和谐——民生视角下的和谐社会 [M].北京：人民出版社，2006：2.

表3-3　深化改革时期养老保险政府责任定位的具体表现

	城镇职工		城乡居民
	城镇企业职工	机关事业单位	
制度设计责任	法规条例：《中共中央关于建立社会主义市场经济体制若干问题的决定》（1993）、《国务院关于深化企业职工养老保险制度改革的通知》（1995）、《国务院关于建立统一的城镇企业职工养老保险制度的决定》（1997）、《国务院关于印发完善城镇社会保障体系试点方案的通知》（2000）、《国务院关于完善企业职工养老保险制度的决定》（2005）、《关于推进企业职工养老保险省级统筹有关问题的通知》（2007）、《城镇企业职工养老保险关系转移接续暂行条例》（2009）、《中华人民共和国社会保险法》（2010）、《基本养老保险基金投资管理办法》（2015）	法规条例：《事业单位工作人员工资制度改革实施办法》（1993）、《关于职工在机关事业单位与企业之间流动时社会保险关系处理意见的通知》（2001）、《关于印发〈关于机关事业单位离退休人员计发离退休费等问题的实施办法〉的通知》（2006）、《中华人民共和国公务员法》（2006）、《事业单位工作人员养老保险制度改革试点方案》（2008）、《关于机关事业单位工作人员养老保险制度改革的决定》（2015）	法规条例：《关于进一步做好农村社会养老保险工作的意见》（1995）、《国务院批转整顿保险业工作小组〈保险业整顿与改革方案〉的通知》（1999）、《关于开展新型农村社会养老保险试点的指导意见》（2009）、《关于开展城镇居民社会养老保险试点的指导意见》（2011）、《关于建立统一的城乡居民养老保险制度的意见》（2014）、《城乡养老保险制度衔接暂行办法》（2014）、《关于提高全国城乡居民基本养老保险基础养老金最低标准的通知》（2015）
	覆盖范围：城镇各类企业职工、无雇工的个体工商户、未在用人单位参加基本养老保险的非全日制从业人员、灵活就业人员	覆盖范围：按照《中华人民共和国公务员法》管理的单位、参公的机关以及事业单位编制内的工作人员	覆盖范围：年满16周岁，非国家机关和事业单位工作人员、不属于企业职工基本养老保险制度覆盖范围的城乡居民
	制度模式：社会统筹与个人账户	制度模式：社会统筹与个人账户	制度模式：社会统筹与个人账户
	缴费比例：企业按企业工资总额的20%缴纳；企业职工按个人缴费工资的8%；个体工商户和灵活就业人员按当地上年度在岗职工平均工资的20%	缴费比例：单位按单位工资的20%，个人按缴费工资的8%	缴费档次：100～2000元/年，共计12个档次
财政供给责任	由用人单位与个人缴费以及政府补贴构成	由单位和个人共同负担	由个人缴费、集体补助、政府补贴构成
组织实施责任	劳动保障部门负责统筹管理，社会保险经办机构负责组织实施	各级人民政府征收、管理和支付的责任，社会保险经办机构负责组织实施	社会保险经办机构负责组织实施
监督管理责任	各级人民代表大会常务委员会、社会保险行政部门、财政部门、审计部门、社会保险监督委员会	基金单独建账，与企业职工基本养老保险基金分别管理使用	各级人力资源社会保障部门、财政部门、审计部门履行监管职责

资料来源：笔者根据相关政策法规整理而来。

从制度设计责任来看，这一时期政府对于基本养老保险制度的设计可谓是改革的亮点，相继出台多项政策，逐步完善城镇企业职工养老保险制度，尤其设计具有中国特色的"统账结合"模式。与此同时，更加注重不同群体基本养老保险制度的公平性，2015年《关于机关事业单位工作人员养老保险制度改革的决定》中提出机关事业单位实行与城镇企业职工相同的制度模式，打破长期以来存在的"双轨制"问题。此外，在党的十七大报告中，以统筹城乡为目标，明确提出"探索农村养老保险制度，鼓励各地开展农村养老保险试点"；在2009年和2011年，相继颁布《关于开展农村社会养老保险试点的指导意见》《关于开展城镇居民社会养老保险试点的指导意见》建立新型农村养老保险和城镇居民养老保险，并在2014年《关于建立统一的城乡居民养老保险制度的意见》中将两种制度并轨整合。

从财政供给责任来看，《社会保险法》明确规定基本养老保险基金是由用人单位和个人缴费以及政府补贴等组成的，当基本养老保险基金出现支付不足时，政府给予补贴；政府意识到转制成本偿付机制缺失对制度建设带来的损害，逐步扩大做实个人账户试点范围。《关于机关事业单位工作人员养老保险制度改革的决定》明确规定基本养老保险基金由单位和个人共同负担，但单位缴费的实质仍是财政资金供给，政府依旧承担着对机关事业单位工作人员的养老保险支出。然而，在《关于建立统一的城乡居民基本养老保险制度的意见》中则明确规定城乡居民养老保险基金由个人缴费、集体补助、政府补贴共同构成。

从组织实施责任来看，三种制度的实施责任随着养老保险工作全面铺开，由劳动、人事、民政部门统一到社会保险经办机构。政府对于基本养老保险经办机构的建设与服务更加重视，"社会保险经办机构数量从 2000 年的 4784 个增加到 2012 年的 8411 个，增加将近一倍"[1]。各级经办机构按照"记录一生、保障一生、服务一生"的原则开展各项工作，金保工程成为全国数亿参保人员和上千万参保单位的参保登记、权益记录、待遇享受等业务办理的物质载体，提高养老保险经办机构的工作效率与管理水平。

从监督管理责任来看，《社会保险法》明确规定各级人民代表大会常务委员会、社会保险行政部门、财政部门、审计部门、社会保险监督委员会对养老保险基金具有监管责任，基金监督主体多元化，强调多方参与基金监管。[2]《基本养老保险基金投资管理办法》将市场机制逐步引入基金投资管理责任。但是，机关事业单位养老保险基金单独建账，与企业职工基本养老保险基金实行分别管理。

总的来看，政府责任定位随着不同时期养老保险制度的变迁发生整体性变化，是政府、市场（企业）与社会（公民）责任不断调整与融合的过程，经历从"包揽"到"逐步淡出"再到"尝试理性回归"的过程。本书借用项目管理中的责任分配矩阵分析法，从责任主体分配角度更为清晰地展现不同时期养老保险政府责任定位演变过程，详见表 3-4。政府在基本养老保险制度中资金供给和监管责任分配方面，呈现责任重心下移的趋势，在资金供给责任方面，逐渐从"政府、企业"转移为"企业、个人"；在监管责任方面，从劳动部门和工会组织负责到人社部门与社

---

[1] 郑秉文. 中国养老金发展报告 2013——社保经办服务体系改革 [M]. 北京：经济管理出版社，2013：8.

[2] 资料来源：《社会保险法》第十章第七十六、七十七、七十八条规定，2010 年 10 月 28 日。

会主体共同负责，逐渐从"政府、企业"转移为"企业、社会"。由此可见，政府责任有所减轻，转而承担有限的资金供给与监督责任；市场（企业）彻底从制度具体的管理事务中解脱出来；社会（公民）从纯粹的福利享有者转变为责任分担者。

表3-4　不同时期基本养老保险责任分配矩阵

不同时期	责任构成要素	责任主体		
		政府	市场（企业）	社会（公民）
计划经济时期	制度设计	D	X	
	资金供给	D	dX	
	组织实施	D	X	
	监督管理	D	X	
改革开放初期	制度设计	DX	d	
	资金供给	d	D	d
	组织实施	DX	d	
	监督管理	DX	d	
深化改革时期	制度设计	DX	d	d
	资金供给	d	D	d
	组织实施	DX	d	
	监督管理	DX	dX	d

注：D代表单独或决定性决策（作用），d代表部分或参与决策（作用），X代表执行工作。

第二节　现阶段中国基本养老保险政府责任定位反思

通过总结中国基本养老保险制度变迁中政府责任定位的演变规律，政府责任从计划经济时期的"大包大揽"一度滑向改革开放初期过度强调市场与个人责任的另一个极端，导致制度公平性不足，政府在深化改革时期尝试在养老保险中的责任"理性回归",但更多是迫于舆论压力被动地回应社会关注与公民需求,这种处于"救火式"的制度改革往往会陷入"头痛医头、脚痛医脚"的困境。现阶段中国进入全面深化改革的新时期,强调以促进社会公平正义、增进人民福祉为出发点和落脚点,并在党的十八届五中全会中提出共享发展的理念,基本养老保险是共享发展成果的制度保证,[①] 中国政府面临着基本养老保险未来发展的选择,需要清醒地认识与反思自身的责任定位。

一、顶层设计责任的缺位

中国政府在基本养老保险制度变迁中一直扮演着制度设计者的角色,但国内部分学者如郑功成(2013)[②]、邓大松和刘昌平(2014)[③]、郑秉文(2017)[④] 认为中国基本养老保险制度改革是伴随经济领域的渐进改革而采取自下而上、局部试验的方式推进的,受到历史与现实双重路径依赖的影响,政府对基本养老保险制度的整体性定位与顶层设计目标选择缺乏长远规划。

1. 制度设计缺乏整体性

基于户籍藩篱与身份制下的基本养老保险制度,几经改革依旧沿着"先体制内、后体制外""重城市、轻农村"的路径推进,现行制度既有城镇与农村相互独立的两套系统,也有不同身份群体单独设计的制度

---

① 郑功成. 共享:国家发展理念的突破与升华 [J]. 人民论坛,2015(11):24.
② 郑功成. 深化中国养老保险制度改革顶层设计 [J]. 教学与研究,2013(12):12.
③ 邓大松,刘昌平. 中国社会保障改革与发展报告 2013[M]. 北京:北京大学出版社,2014:28.
④ 郑秉文. 三支柱养老金顶层设计将很快面世 [N]. 中国证券报,2017-1-9(11).

模式。更有学者将其生动地概括为一种城乡之间的"大碎片"与不同人群之间的"小碎片"。[①] 制度"碎片化"是学术界普遍认可的现状，学者们将其归结于中央政府缺乏顶层建制的条件与决心，长期赋予地方政府过于宽松的试验性探索权力，这种"贴补丁"式的补救套路加深了制度"碎片化"程度。尽管中国政府逐步意识到"碎片化"问题的严重性，先后在 2014 年将新型农村养老保险与城镇居民养老保险进行并轨整合为城乡居民基本养老保险制度，2015 年改革机关事业单位养老保险，但从现行基本养老保险制度设计来看，仍带有显著的身份分层特性，详见图 3–1。

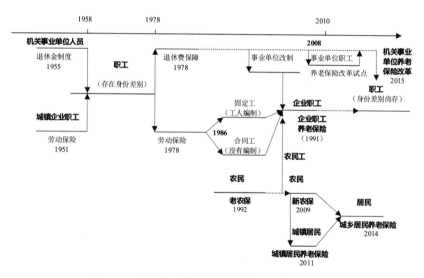

图3–1　中国基本养老保险制度"碎片化"状态

政府在不同身份群体间的养老保险制度设计存有泾渭分明的界限，尤其是城镇职工与城乡居民两种互不相同的制度安排，其差别体现在：一是起点不同。在制度覆盖不同群体的情况下，参与方式设置是两者最

① 林闽钢. 实行国民年金制度改革，增强养老保险的公平性 [C]. 第九届社会保障国际论坛，2013：23.

重要的区别，城乡居民采取的自愿参保方式，必然导致部分群体未能受到养老保险制度的"庇护"。截至 2015 年，中国符合参加城镇职工与城乡居民基本养老保险条件的人数约为 10.5 亿人，但参加城镇职工养老保险的人数约为 3.54 亿人，以及参加城乡居民养老保险的人数为 5.05 亿人，[①]尚有近 2 亿人没有参加任何形式的社会养老保险。二是过程不同。在资金来源、筹资模式、缴纳形式等方面设计差别较大。城镇职工按照工资的 8% 缴纳养老保险费，而城乡居民则根据 12 个缴费档次自行选择。根据笔者在 H 省 Z 市的实地调查，部分城乡居民倾向于选择较低缴费档次，他们认为每年缴纳 100 元就可以领取养老金，也不会造成经济负担；根据当地政策，家中有 60 岁以上老人，只要家人都参保，老人可以不用缴费，这种"捆绑"缴费政策虽然提高了当地参保率，但这些选择较低缴费档次的城乡居民，日后所领取的养老金难以保障基本生活。三是结果不同。在领取条件、给付模式等方面设计存在差距。总的来看，城镇职工养老保险与城乡居民养老保险成为最难整合起来的两类制度"碎片"，详见表 3-5。

表3-5　现阶段城镇职工与城乡居民基本养老保险制度设计比较

设计内容	城镇职工		城乡居民
	企业职工	机关事业单位职工	
参与方式	强制参保		自愿参保
资金来源	企业与个人出资	单位与个人出资	个人出资，政府、集体补贴
筹资模式	社会统筹账户：本单位职工工资总额的 20% 个人账户：本人缴费工资的 8%		社会统筹账户：政府补贴 个人账户：100 元至 2000 元 12 个缴费档次，自主选择档次缴费，多缴多得

① 人力资源和社会保障部社会保险事业管理中心. 中国社会保险发展年度报告 2015[M]. 北京：中国劳动社会保障出版社，2016：1-21.

设计内容		城镇职工		城乡居民
		企业职工	机关事业单位职工	
缴纳形式		按月缴纳		按年缴纳
领取条件	缴费条件	参加工作、缴费年限（含视同缴费年限）累计满15年	累计缴费满15年	
	年龄条件	男60岁；女工人50，女干部55岁	男：60岁 女：55岁	男60岁，女60岁
给付模式	新人	基础养老金	（当地上半年在岗职工月平均工资＋本人指数化月平均缴费工资）/2×缴费年限×1%	月养老金＝基础养老金＋个人账户储蓄额/计发月数 新农保或城居保制度实施已满60周岁，不用缴费，按月领取城乡居民养老保险基础养老金
		个人账户养老金	月标准＝个人账户储蓄额/计发月数	
	中人		基础养老金＋个人账户养老金＋过渡性养老金	
	老人		按原来的规定发给基本养老金，执行基本养老金调整办法	

资料来源：笔者根据相关政策法规整理而来。

2. 顶层设计理念缺失

理念优于制度，而制度优于技术，顶层设计必然需要以制度设计理念为支撑，然而中国政府在基本养老保险制度设计理念中出现"迷雾"，曾经出现过度关注经济指标而迷失制度建设应当追求的社会公平、分配正义的目标，也有过"期望政府包办一切'泛福利化'思潮与主张个人自我负责'反福利'等取向"。[①]从国家政策层面来看，迄今为止未有关于基本养老保险制度发展目标及应持发展理念的清晰界定，也未有制度安排结构与功能的合理定位。虽然《中共中央关于制定国民经济和社会

---

① 郑功成. 中国社会保障："十二五"回顾与"十三五"展望 [J]. 社会政策研究，2016（1）：85.

发展第十三个五年规划的建议》提出要建立更加公平可持续的社会保障制度一度成为基本养老保险制度的发展理念，但"更加公平可持续"的概念过于模糊，未能明确对制度未来发展的通盘考虑与最高层次的顶层设计。政府没有先进的制度顶层设计理念，必然设计不出合理的制度安排，起点不公必然导致结果不公。以 2015 年数据来看，城镇职工离退休人员月人均养老金为 2252 元，城乡居民基本养老保险人均养老金水平为 116.7 元，[①] 两者相差约为 19.3 倍。从职工身份而言，按照中国城镇职工的单位属性——机关事业单位或企业性质的不同，企业职工与机关事业单位养老保险之间一直存在待遇差距，以河南省数据为例，详见图 3-2。

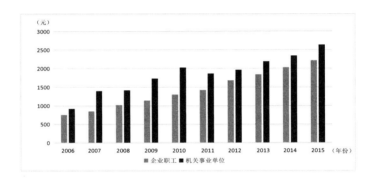

图3-2　2006～2015年河南省企业职工与机关事业单位平均养老金比较

资料来源：由河南省社会保障局提供的数据和 2015 年《河南省人力资源和社会保障年鉴》的数据整理而来。

中国社会成员在养老保险待遇上呈现出"阶梯型"：福利最高的公职人员、差强人意的企业职员、最低保障的城乡居民。如图 3-3 所示，城乡居民基础养老金远远低于城市与农村最低生活标准，难以满足养老

---

① 人力资源和社会保障部社会保险事业管理中心. 中国社会保险发展年度 2015[M]. 北京：中国劳动社会保障出版社，2016：19-26.

的基本生活保障。

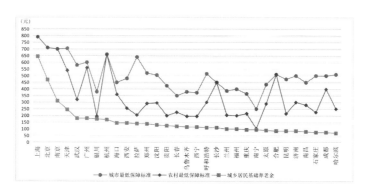

图3-3 2015年部分城市最低生活保障标准与城乡居民养老保险基础养老金比较
资料来源：笔者根据各地公开资料整理而来。

同时，这种待遇差距呈现地区间的非均衡态势，2000～2013年东部地区平均养老金高于西部地区，西部地区高于中部地区。其中，东部地区与西部地区的差距较小，两者与中部地区的差距显著，详见图3-4。

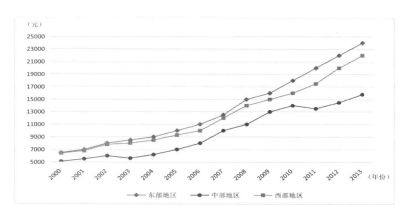

图3-4 2000～2013年中国东部、中部、西部地区平均养老金比较①
资料来源：部分数据来自沈燕，邓大松.全国统筹背景下基本养老金的区域非均衡发展 [J]. 湖北社会科学，2015（1）：81；2011～2013年数据根据《中国统计年鉴》的数据计算得来。

————————

① 参考《中国统计年鉴》中的区域划分，将中国划分为东部、中部、西部地区。

3. "统账结合"设计形同虚设

1997年,《关于建立统一的企业职工基本养老保险制度的决定》将"统账结合"模式进行全国推广,"统账结合"模式也延续到机关事业单位和城乡居民养老保险制度模式设计中,现行基本养老保险制度板块内均采用的是"统账结合"模式。"统账结合"模式是中国基本养老保险制度模式的创新,但目前模式运行状况已经成为中国养老保险改革中的难点,政府主导下的"统账结合"模式设计形同虚设。中国政府自2001年起一再表示要做实个人账户,也相继开展个人账户做实的试点工作,然而政府决策层面却发生了微妙的变化:从2005年在《关于完善企业职工基本养老保险制度的决定》明确要"做实个人账户"到2013年《中共中央关于全面深化改革若干重大问题的决定》却提出要"完善个人账户制度"。对此,也有部分学者建议从做实账户到名义账户的顶层设计。[1] 目前个人账户计发办法只是一个朝向积累制方向的改革,与参照世界银行三支柱或五支柱模式改革的国家的不同之处在于其并未形成独立的基金积累型第二支柱。[2] 中国个人账户问题悬而未决,如图3-5所示,2014年个人账户记账额达40974亿元,空账规模达到35974亿元,空账比例达到87.8%。由此可见,"统账结合"模式设计用来抵御人口老龄化风险的功能无法得以实现,偏离当初改革的目标,导致"统账结合"模式发展至今仍然是现收现付制。

---

① 郑秉文. 从做实账户到名义账户 [J]. 开发研究, 2015 (3): 1.

② 陈敬. "统账结合"式城镇职工基本养老保险制度:模式辨析与困境破解 [J]. 中国行政管理, 2016 (6): 82.

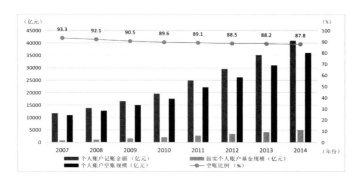

图3-5　2008～2014年中国基本养老保险个人账户空账规模

资料来源：根据2008～2014年《中国养老金保险发展报告》、2008～2014年《人力资源和社会保障事业发展统计公报》计算而来。

二、财政供给责任的差异

按照埃斯平·安德森划分资本主义福利国家体制的方式，财政供给责任与其不同的福利体制有关，"社会民主主义福利国家体制的财政供给责任最大，保守主义福利国家体制的财政供给责任居中，自由主义福利国家体制的财政供给责任最小"。[①] 然而，中国基本养老保险制度存在着财政供给责任的差异，详见表3-6。

表3-6　中国基本养老保险财政供给责任差异的具体表现

	具体表现	
	制度	模式
模式差异	城镇企业职工养老保险	"兜底"财政供给责任模式
	机关事业单位养老保险	"全（差）额资助"财政供给责任模式
	城乡居民基本养老保险	"两头补"财政供给责任模式
地区差异	东部、中部、西部地区财政供给责任差异	
城乡差异	城乡二元财政供给责任差异	
央地差异	中央与地方财政供给责任差异	

---

① 埃斯平·安德森. 福利资本主义的三个世界 [M]. 郑秉文，译. 北京：商务印书馆，2010：29-31.

1. 模式差异

在城镇企业职工养老保险制度的相关规定中，最大问题就是"对政府责任语焉不详，部门利益回避导致的分歧随处可见，仅明确个人与企业雇主的缴费责任，政府的财政供给责任并未作任何规定"，[①] 这是一种典型的"隐性化"财政责任，财政只有当养老金支付出现缺口时负责弥补缺口，政府以"财政兜底"的模式承担责任。根据不同年份企业职工养老保险财政补贴额度变动情况来看，与财政收入、财政支出增长速度相比，中国企业职工养老保险财政补贴速度变动幅度较大，2010～2011年财政收入增长率由21.30%提高到25.00%，财政支出增长率由17.80%提高到21.60%，而财政补贴增长率却由18.71%降至16.27%，如图3-6所示。财政补贴增速的变化说明财政供给责任缺乏常态化机制，呈现"非制度化"特征，政府更像是一名"救急者"。

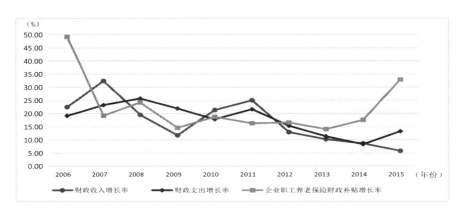

图3-6 2006～2015年中国财政收支与企业职工养老保险财政补贴增长情况

资料来源：根据2007～2016年《中国统计年鉴》与2006～2015年《人力资源和社会保障事业统计公报》计算而来。

---

① 张邦辉. 社会保障的政府责任研究 [M]. 北京：中国社会科学出版社，2011：206.

此外，政府在企业职工养老保险中回避与转嫁历史债务。虽然《社会保险法》规定："国有企业、事业单位职工参加基本养老保险前，视同缴费年限应当缴纳的基本养老保险费由政府承担。"[①]但传统的现收现付制向现行的统账结合制转变所产生的转轨成本的化解方案迄今为止未能明确。政府采取"明债暗偿"的方式，回避历史责任，致使财政责任存在"相互转嫁"的问题。一是政府向企业转嫁，通过向企业征收较高的基本养老保险费，如表3-7所示，中国企业缴费率高于许多国家。2016年，中国政府出台的《关于阶段性降低社会保险费率的通知》规定："单位缴费比例超过20%的省（区、市）降至20%；单位缴费比例为20%且2015年基金累计结余可支付月数高于9个月的省（区、市）阶段性降低至19%。"二是政府责任向个人转嫁。一方面表现为政府偿还历史债务的责任主要依靠当前在职参保人员的缴费积累来支付已退休职工的养老金，挪用职工个人账户资金用于当期养老金发放。另一方面通过限制领取资格将在国家经济机构调整中被淘汰而又没有再就业的部分"中人"排斥在制度外，如从国有企业失业、下岗的工人被作为灵活就业人员缴费，按照社会平均工资的20%缴纳养老金。

表3-7　基本养老保险缴费率的国际比较

国家	缴费率			替代率	国家	缴费率			替代率
	合计	雇员	雇主			合计	雇员	雇主	
匈牙利	33.5	9.5	24.0	75.8	瑞典	18.9	7.0	11.9	58.4
意大利	32.7	9.2	23.8	64.5	荷兰	17.9	17.9	0	88.1
巴西	31.0	11.0	20.0	85.0	法国	16.7	6.8	9.9	49.1
智利	29.8	28.8	1.0	44.9	比利时	16.4	7.5	8.9	42.0

---

① 资料来源：《中华人民共和国社会保险法》第十三条，2010年10月28日。

国家	缴费率			替代率	国家	缴费率			替代率
	合计	雇员	雇主			合计	雇员	雇主	
西班牙	28.3	4.7	23.6	81.2	卢森堡	16.0	8.0	8.0	87.4
捷克	28.0	6.5	21.5	50.2	日本	15.4	7.7	7.7	34.5
中国	28.0	8.0	20.0	46.8	美国	12.4	6.2	6.2	39.4
欧盟 27 国	22.5	7.9	14.0	61.8	加拿大	9.9	5.0	5.0	44.4
OECD 34 国	19.6	8.4	11.2	57.5	瑞士	9.8	4.9	4.9	57.9
波兰	19.5	9.8	9.8	59.0	韩国	9.0	4.5	4.5	42.1

资料来源：郑秉文．供给侧：降费对社会保险结构性改革的意义 [J]．中国人口科学，2016（3）：4.

中国政府在 2015 年改革前一直没有完整的机关事业单位养老保险的制度设计和政策框架，"双轨制"之所以成为养老保险制度中被诟病的对象，其源头是机关事业单位工作人员不承担缴费责任，却能领取由财政承担并高于企业职工的退休金。直到 2015 年，国务院颁布《关于机关事业单位工作人员养老保险制度改革的决定》规定，实行与企业职工养老保险同样的"统账结合"模式，由单位和个人共同承担养老保险费。特别需要说明的是，单位缴费虽然不直接表现为财政补贴，但实质仍是财政资金供给。按照财政拨款方式将机关事业单位分为财政全供机关事业单位、财政差供事业单位和自收自支事业单位，根据养老保险基金的来源，财政全供的行政机关和事业单位的养老保险缴款的性质等同于财政支出；财政差供事业单位的养老保险缴款也等同于财政支出，政府对财政全供和财政差供机关事业单位的补贴是一种"全（差）额资助"的财政供给责任模式。

城乡居民养老保险的财政供给责任相对较为清晰。在缴费环节，由地方财政分人群给予不同补贴，"对选择最低档次标准缴费的居民，不低于每人每年 30 元；对选择较高档次标准缴费的居民，给予适当增加补贴金额；对重度残疾人等缴费困难群体，地方人民政府为其代缴部分或全部最低标准的养老保险费"。①从财政责任的角度，可称之为"补入口"。在给付环节，城乡居民的基础养老金是由政府全额支付的，根据 2015 年颁布的《关于提高全国城乡居民基本养老保险基础养老金最低标准的通知》规定基础养老金最低标准提高至每人每月 70 元；由中央财政分地区给予东部与中西部地区不同程度的补贴，"对中西部地区给予全额补助，对东部地区给予 50% 的补助，对提高和加发的基础养老金的支出由地方财政负责"。②这种补贴方式为"补出口"。如表 3-8 所示，城乡居民基本养老保险是一种"两头补"的财政供给责任模式。

表3-8　中国城乡居民基本养老保险制度财政供给模式

环节	补助对象		中央财政	地方财政
缴费环节（入口）	个人账户	普通缴费群体	不补	补助（不低于 30 元／人／月＋适当鼓励）
		缴费困难群体	不补	补助（不低于 30 元／人／月＋部分或全部最低标准的养老保险费）
给付环节（出口）	最低标准基础养老金（70 元／人／月）	东部地区	补助 50%	—
		中西部地区	补助 100%	—
	提高或加发部分的基础养老金		不补	地方负担

资料来源：笔者根据相关政策法规整理而来。

2. 地区差异

随着中国经济社会的快速推进，衍生出的一个重要问题就是区域经济发展不平衡，虽然中国政府采取多种措施来促进"西部大开发""中

————————

① ②　资料来源：国务院颁布的《关于建立统一的城乡居民基本养老保险制度的意见》第四条，2014 年 2 月 21 日。

原崛起""振兴东北",但东部、中部、西部地区发展差距非短时间内可以填补,如图3-7所示,中国呈现出东部地区经济发展水平明显高于中西部地区的趋势,天津、北京、上海、江苏、浙江等省市的人均GPP连续数年位于前列,而甘肃、云南、贵州等省份处于后列,全国最高的天津市(107960元)是最低的甘肃省(26165元)的4.1倍。

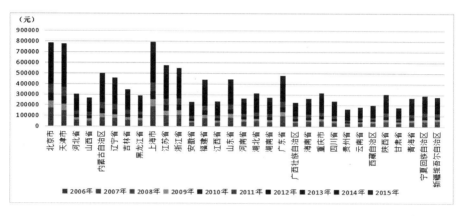

图3-7 2006~2015年全国各地区人均GDP情况

资料来源:根据2007 ~ 2016年《中国统计年鉴》数据整理而来。

地区经济发展不均衡导致各区域养老保险基金财力水平的非均衡,以2015年各地区基本养老保险基金结余数据为例,2015年基本养老保险基金结余最高的是广东省,当年基金结余为1088.1449亿元,基金累计结余6532.7542亿元,基金结余比率达到442.75%;而养老保险基金结余比率最低的地区分别为河北、吉林、黑龙江,基金结余不足以支付一年的养老保险基金支出,详见图3-8。

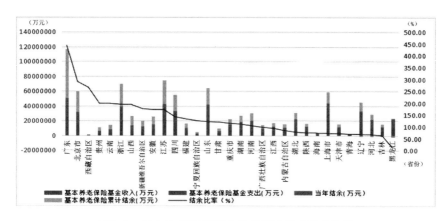

图3-8 2015年各地区基本养老保险基金结余比较

资料来源：根据2016年《中国统计年鉴》计算而来，各地区按照结余比率排序，结余比率＝累计结余／当年基金支出。

正是由于区域基金财力水平的不均衡，目前中国企业职工养老保险还处于省级统筹的阶段，没有实现全国统筹；机关事业单位处于市级统筹，而城乡居民养老保险则处于县级的统筹层次，详见表3-9。中央政府一直在努力提高基本养老保险统筹层次，其效果不明显的主要原因是提高统筹层次代表着需要更高一层政府部门承担制度的资金平衡责任和"兜底"风险。自1991年提出至今还未能实现全国统筹，其根源在于地方的经济利益，地方政府缺乏改革的积极性。

表3-9 中国基本养老保险制度的统筹层次实现情况

制度类型	相关文件	统筹层次规定	全国实际统筹情况
城镇企业职工	1991年《国务院关于企业职工养老保险制度改革的决定》	尚未实行基本养老保险基金省级统筹的地区，要积极创造条件，由目前的市、县统筹逐步过渡到省级统筹	尚未全部完成省级统筹，只有7个省份实现省级统筹，绝大部分统筹层次为市级

制度类型	相关文件	统筹层次规定	全国实际统筹情况
城镇企业职工	1997年《国务院关于建立统一的企业职工基本养老保险制度的决定》	要逐步由县级向省或省授权地区统筹过渡	尚未全部完成省级统筹，只有7个省份实现省级统筹，绝大部分统筹层次为市级
	2005年《国务院关于完善企业职工基本养老保险制度的决定》	在完善市级统筹的基础上，尽快提高统筹层次，实现省级统筹	
	2007年党的十七大报告	提高统筹层次，制定全国统一的社会保险关系转移办法	
	2010年《中华人民共和国社会保险法》	基本养老保险基金逐步实行全国统筹，其他社会保险基金逐步实现省级统筹	
	2012年党的十八大报告	实现基础养老金全国统筹	
	2013年党的十八届三中全会报告	实现基础养老金全国统筹……建立事权与支出责任相适应的制度，适度加强中央事权和支出责任	
机关事业单位	2015年《国务院关于机关事业单位工作人员养老保险制度改革的决定》	省级统筹	仍为市级统筹
城乡居民	2016年《国务院关于建立统一的城乡居民基本养老保险制度的意见》	省级统筹	仍为县级统筹

资料来源：笔者根据相关政策法规整理而来。

中国各地区经济发展与资源禀赋的差异、人口老龄化程度与参保人数的不同，导致东部、中部、西部地区财政收入能力与财政支出不均衡，财政供给责任存在差异。以2015年数据为例，西部地区的陕西省基本养老保险财政支出占财政总支出的比重最高，中部地区的河南省居中，东部地区的广东省最低，详见图3-9。其原因是西部地区的退休职工多，大量劳动年龄人口流失，财政负担过重，而广东省等东部地区由于经济发展较快成为劳动力迁移流入地，有大量年轻的外来务工人员，财政压力较轻。总的来看，基本养老保险财政供给地区差异与地区间协同和均衡发展相悖。

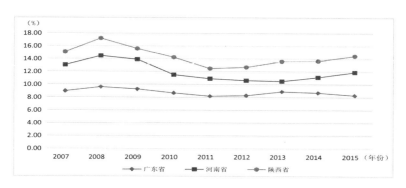

图3-9　2007~2015年基本养老保险财政供给责任的地区差异化

资料来源：由河南省、广东省、陕西省人力资源和社会保障厅提供。

3. 城乡差异

如表 3-10 所示，从 2010 ~ 2015 年中国城镇职工与城乡居民财政补贴数据比较来看，城镇职工养老保险财政补贴分别为 1954 亿元、2272 亿元、2648 亿元、3019 亿元、3548 亿元和 4716 亿元，同期城乡居民养老保险制度政府补贴分别为 228 亿元、689 亿元、1235 亿元、1416 亿元、1644 亿元和 2155 亿元，两者补贴合计分别为 23368 亿元、7367 亿元，足以说明中国基本养老保险财政供给责任呈现典型"重城市、轻农村"城乡二元的差异。

表3-10　2006~2015年中国基本养老保险财政补贴情况

年份	城镇职工养老保险		城乡居民养老保险	
	财政补贴（亿元）	增长率（%）	财政补贴（亿元）	增长率（%）
2006	971	49.16	—	—
2007	1157	19.16	—	—
2008	1437	24.20	—	—
2009	1646	14.54	—	—
2010	1954	18.71	228	—
2011	2272	16.27	689	—
2012	2648	16.55	1235	—

年份	城镇职工养老保险		城乡居民养老保险	
	财政补贴（亿元）	增长率（%）	财政补贴（亿元）	增长率（%）
2013	3019	14.01	1416	14.66
2014	3548	17.52	1644	16.10
2015	4716	32.92	2155	31.08
合计	23368	—	7367	—

资料来源：城镇职工基本养老保险的财政补贴数据来源于2003～2012年《全国企业职工基本养老保险基金情况》，2013～2015年数据来源于2013～2015年《人力资源和社会保障事业发展统计公报》；城乡居民养老保险的财政补贴数据来源于2006～2015年《人力资源和社会保障事业发展统计公报》。

4. 央地差异

综观中国历史，在很大程度上就是一个央地关系史，中央与地方政府的政治经济关系一直在集权与分权之间摇摆，央地关系并非单纯的政治或经济关系，重点是财政权力和行政权力在中央与地方政府之间的划分，其实质是中央与地方政府之间的利益关系。[①]2016年8月，中国政府出台《关于中央与地方财政事权和支出责任划分改革的指导意见》明确指出："中央与地方财政事权和支出责任划分不清不利于政府有效提供基本公共服务，合理划分中央与地方财政事权和支出责任是政府有效提供基本公共服务的前提。"[②]由于中央政府与地方政府作为共同管理主体，在基本养老保险改革过程中必然会产生博弈，这种博弈的过程涉及两者间权责的重新分配，造成中央与地方政府财政供给责任的差异。

---

① 王琛伟，陈凤仙. 中央政府与地方政府职责的合理边界 [J]. 经济学动态，2014（9）：66-67.

② 资料来源：国务院颁布的《关于推进中央与地方财政事权和支出责任划分改革的指导意见》，2016年8月24日。

一是中央与地方政府基本养老保险财政责任划分缺乏法律依据。从政策文本分析，无论是中央与地方权力职能划分的《中华人民共和国地方组织法》《关于中央与地方财政事权和支出责任划分改革的指导意见》中，还是国家颁布的有关养老保险制度改革的相关法律法规与政策文件中，均未对基本养老保险中央与地方政府财政责任进行明确划分。二是未形成制度化的中央与地方财政分担机制。以城镇企业职工养老保险数据为例，2010～2014年，地方政府投入比重不超过两级财政补贴总额的2%，2013年和2014年出现下滑趋势降至1.2%，中央政府承担大部分的财政补贴，而地方政府在财政上过度依赖中央政府，详见表3-11。

表3-11　2010～2014年中国中央与地方政府企业职工养老保险财政补贴情况

年份	企业职工养老保险财政补贴				
	补贴总额（亿元）	中央财政		地方财政	
		额度（亿元）	占比（%）	额度（亿元）	占比（%）
2010	1815	1585	13.0	230	1.9
2011	2096	1852	12.0	244	1.6
2012	2430	2069	11.3	361	2.0
2013	2817	2536	12.3	254	1.2
2014	3309	3027	13.0	282	1.2

资料来源：根据《人力资源和社会保障事业发展统计公报2010—2014》《全国社保基金预算情况2013—2015》《中国社会保险发展年度报告2014》。

三、组织实施责任的被动

随着基本养老保险制度的不断发展与完善，政府组织实施责任经历从计划经济时期工会与企业组织自管到改革开放初期多部门组织管理再到深化改革时期经办机构社会化管理的发展历程，其责任定位始终处于被动状态。

1. 组织设置屈从于属地管理

中国政府在全面铺开养老保险工作的同时，加强经办机构服务建设，明确其职责范围，"负责参保登记、个人权益记录、待遇支付等养老保险服务工作"[①]。《关于全面深化改革若干重大问题的决定》进一步强调，"加快健全社会保障管理体制和经办服务体系"，截至2015年，全国县级以上基本养老保险经办机构5451个，详见表3-12。

表3-12　2015年基本养老保险经办机构设置情况

险种	机构总数（个）	比上年增减（个）
企业职工养老保险	3228	1
机关事业单位养老保险	839	-3
城乡居民养老保险	1384	-53
合计	5451	-55

资料来源：人力资源和社会保障部社会保险事业管理中心. 中国社会保险发展年度报告2015[M]. 北京：中国劳动社会保障出版社，2016：85.

作为养老保险政策执行者与服务提供方的经办机构，是直接接触参保者并履行组织实施责任的重要部门。杨燕绥（2011）[②]、孟昭喜（2012）[③]等学者从不同角度分析经办机构服务体系与能力建设。从机构性质上来看，2012年全国经办机构参照公务员管理的有4422个，占机构总数的52.6%，差额拨款的有5个，自收自支的为5个；[④]从机构行政级别来看，

[①] 资料来源：《中华人民共和国社会保险法》第八条，2010年10月28日。

[②] 杨燕绥. 社会保险经办机构能力建设研究 [M]. 北京：中国劳动社会保障出版社，2011：30.

[③] 孟昭喜. 完善社会保险经办管理服务体系研究 [M]. 北京：中国劳动保障出版社，2012：20.

[④] 郑秉文. 中国社会保险经办服务体系的现状、问题及改革思路 [J]. 中国人口科学，2013（6）：2.

地方经办机构有的是人社局下属的二级机构，有的是直属的政府序列；从机构行政地位来看，经办机构设置存在行政规格较低、独立性不强、承担职责与机构地位不对称等定位不清的问题。

笔者通过在广州、武汉、郑州、西安等城市人社部门及养老保险经办机构开展社会调查，发现养老保险经办机构管理的险种、职责定位、管理流程以及内部业务部门的设置不尽一致。以 H 省为例，2014 年正式成立 H 省社会保障局，主管各地市的养老保险管理工作，但各地市不但在养老保险经办机构名称上未能统一，而且存在险种分设管理、各经办机构间缺乏有效衔接等问题。在 H 省 S 市调研中发现，城镇企业职工养老保险由当地人力资源和社会保障局下属的企业养老保险中心负责具体经办，机关事业单位养老保险则由机关事业单位养老保险处负责，而城乡居民养老保险具体的经办服务由两个机构共同负责，市区的经办业务由企业养老保险中心的农保科负责，县级的经办业务则由城乡居民养老保险中心负责，还在市人力资源和社会保障局设立新农保科室负责管理。可见，组织实施责任是一种被动屈从于属地管理的"碎片化"状态。

2. 主动服务责任意识淡薄

国内部分学者通过实地调查发现，受到传统政治文化的影响，养老保险经办机构在硬件和软件建设方面与期望存有一定差距，公众对经办机构服务满意度并不高。王建华（2007）[1]、邢益海（2008）[2]通过对西部某省 115 个基层养老保险经办机构调研发现，经办机构组织设置参差不

① 王建华，张延兵.基础建设不足阻碍经办机构能力提升 [J].中国社会保障，2007（12）：32.

② 邢益海，柏萍.广东社会保险管理服务体系人力资源瓶颈及其对策 [J].珠三角，2008（9）：30.

齐，经办服务难以细化，造成参保人员排队时间长、服务满意度评价低等问题。笔者对用人单位负责人、参保人员进行了访谈，受访人员普遍反映养老保险经办机构服务意识不强，存在"门难进、脸难看、事难办"的现象。其问题根源在于中国基本养老保险的政策实施依靠一种自上而下的"压力性体制"，即上级政府负责将工作任务层层量化分解为指标分派给下级部门，规定明确的完成时间，并根据完成指标的情况对下级部门进行考核，经办机构在这种行政发包体制下往往被动地履行组织实施责任。

从公共行政的角度来看，库珀认为责任是人的主观自觉与客观规范的统一，"客观责任源于法律、组织机构、社会对行政人员的角色期待，但主观责任却根植于我们自己对忠诚、良知、认同的信仰"。[①] 政府责任主体的"主观责任＝客观责任"是政府责任认同的理想状态，由于受到价值偏好、政治社会化程度、认知能力等主客观因素的影响，"主观责任≠客观责任"成为常态。[②] 这种责任意识也会将政府履责方式分为主动履责和被动履责，主动履责是内心自愿的，有责任意识的支撑，政府责任履行具有稳定性；被动履责是指迫于政绩考核或制度上的压力而采取不得已的行为，被动履责潜藏着动荡性和摇摆性。"如果责任没有得到内化，没有转化成人的内心价值与信念，就不会转化为负责任的行为。"[③] 这种"内心自愿"的前提是政府的"责任意识"，体现的是政府的主观责任，而被动责任常常表现为"问题"导向的，属于典型的理查德森所称的反应性的"消防队"式的政府被动履责形式。

---

① 特里·L.库珀.行政伦理学——实现行政责任的途径[M].张秀琴，译.北京：中国人民大学出版社，2001：63-67.
② 陶立业.现代政府责任自觉问题研究[D].长春：东北师范大学，2015：72-73.
③ 张康之，李传军.行政伦理学教程[M].北京：中国人民大学出版社，2009：220.

以养老金冒领问题为例，《全国社会保险情况》数据显示，2007～2013年共有3.5万人冒领社保待遇1.27亿元，人均冒领3629元。养老金冒领根源在于养老保险经办机构未能及时掌握离退休人员的生存状态。人社部试图解决这个问题，采取一些举措防止冒领养老金行为的发生，由于退休人员身份验证工作量大，多数地方经办机构迫于上级机构压力开展此项工作，将身份验证局限于每年一次。据笔者对经办机构的调研，发现此项工作巨大的工作量让经办机构工作人员苦不堪言，也给身体行动困难、身处外地的退休人员带来诸多不便，部分地区只好将此工作安排给社区，如武汉市规定每年3月至次年2月办理年审。此外，由于违法成本低，按《劳动保障监察条例》规定，对冒领行为给予1～3倍处罚，冒领养老金现象仍然屡禁不止。

3. 经办机构组织规模受限

中国养老保险经办机构不仅面临着来自参保人数的成倍增加与流动人口剧增所带来的压力，同时面临着社会公众日益增长的服务需求与社保制度精细化管理的客观要求。截至2015年，中国城镇职工基本养老保险参保人数年平均增长6.6%，城乡居民基本养老保险年平均增长37.5%，以此参保人数为基数，征缴和支付两项基本养老保险服务管理业务的需求量已达到98.4亿次。[①] 大规模流动人口给养老保险转移接续服务带来新的挑战，截至2015年，全国共办理跨省转续业务达208万人次，比上年增加26万人次，全国基本养老保险经办系统相对应参保人次人均负荷比一路攀升，从2000年的1：2757到2012年的1：9692再

---

① 夏波光. 养老保险运行：用数据还原真相 [J]. 中国社会保障，2013（6）：11.

到 2015 年的 1 : 10387，即一名经办人员要对应 10387 的参保人次，广州、北京、上海、武汉等部分城市经办人员负荷比为 1 : 30000 ~ 1 : 20000。[①]如表 3-13 所示，中国基本养老保险经办人均负荷接近极限，远高于英国、美国、新加坡等发达国家。

表3-13　经办机构人均负荷国际比较

国家	经办机构	工作人员（万人）	服务对象	经办机构人均负荷比
英国	就业与养老金部	10.5	2200 万人	1:210
加拿大	就业与社会发展部	2.4	520 万人	1:217
爱尔兰	社会保护部	0.67	210 万人	1:313
瑞典	国家社会保障署	1.28	645 万人	1:504
新加坡	中央公积金局	0.32	351 万人	1:1097
美国	社会保障管理署	6.5	1.95 亿人	1:3000
中国	全国各类经办机构	17.7	22.1 亿人	1:12478

资料来源：孟昭喜，傅志明.中国社会保险管理服务发展报告 [M].北京：中国劳动社会保障出版社，2014：237.

中国养老保险经办服务机构人均负荷比如此高，一是由于服务对象数量庞大，工作量成倍增加，特别是县市级经办机构人员经常处于超负荷工作状态；二是由于经办机构人员配备不足，其主要原因是人员编制的增加跟不上工作任务量的增加，据笔者调研发现，部分地级市甚至在参保人数大幅度增长的十多年间没有增加过一个编制，不仅导致经办机构工作人员长期超负荷工作，也影响"精细化管理"的落实；三是由于经办机构服务手段落后，远跟不上服务型政府建设步伐，"金保工程"未能实现全国数据共享，在大数据时代下，养老保险数据质量和精细度

---

① 薛惠元，邓大松.我国养老保险制度改革的突出问题及对策[J].经济纵横，2015（5）：86.

有待提升，跨业务、跨地区、多险种数据比对存在"壁垒"，制约经办服务机构的服务质量。

四、监督管理责任的分散

国内学者林义（2002）[①]、邓大松（2003）[②]、章萍（2008）[③]认为基本养老保险基金是广大退休人员的"养命钱"，直接关系民生，政府作为基金监管的重要责任主体，其监管责任也必须保持适度性。中国基本养老保险中监管责任经历从官管官办到官民结合，逐步走向社会化的过程，政府在监管责任中引入其他责任主体，强调多部门联合负责，却存在监管责任分散的问题。

1. 监管主体责任模糊

现阶段中国养老保险监管的组织结构划分为纵向三层次与横向扁平化治理结构。纵向三层次的第一层是国务院人力资源与社会保障部，属于领导和决策层次；第二层是各省市人力资源与社会保障厅（局），属于辅助决定、实施领导和传递层次；第三层是区（县）人力资源与社会保障局，属于执行层次。横向扁平化治理结构是指每一管理层均设置监督机构，每一层级人力资源与社会保障部门履行行政监管责任，其下设有养老保险的经办机构，经办机构内部也设立稽查部门。此外，横向的监督机构还包括：与人力资源和社会保障部门平级的财政和审计部门——实施财政监督和审计监督；以及中国政府在《中华人民共和国社会保险

① 林义. 社会保障基金管理 [J]. 北京：中国劳动社会保障出版社，2002：36.
② 邓大松，刘昌平. 论政府的养老基金监管职责 [J]. 中国行政管理，2003（10）：47.
③ 章萍，严运楼. 政府在养老保险基金监管中的定位 [J]. 财经科学，2008（6）：56.

法》中规定各级人民代表大会常务委员依法行使监督职权，并明确提出：

"统筹地区人民政府成立由用人单位代表、参保人员代表，以及工会代表、专家等组成的社会保险监督委员会，掌握、分析社会保险基金的收支、管理和投资运营情况，对社会保险工作提出咨询意见和建议，实施社会监督。"[①] 根据《中华人民共和国社会保险法》，各级人民代表大会常务委员会、社会保险行政部门（人力资源和社会保障部门）、财政部门、审计机关、社会保险监督委员会作为基金监督的主体，详见图3-10。

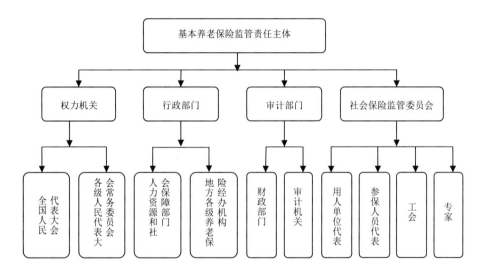

图3-10 中国基本养老保险的监管责任主体

资料来源：笔者根据《社会保险法》中的规定整理而来。

中国基本养老保险监督主体众多，不同职能部门的责任交叉混乱，出现"九龙治水"的现象。一是在《中华人民共和国社会保险法》中并没有对各监管主体的监管权限、职责、监管范围进行明确划分，监管主体责任模糊不清，在监管方式、程序上没有统一规划，主体间缺乏协调

---

① 资料来源：《中华人民共和国社会保险法》第八十条，2010年10月28日。

机制，常出现一个检查项目被一个监管部门刚检查完毕，另一个监管部门又马上开始检查的现象。二是各监管主体各自为政或多方插手，导致基金监管工作形成"空白带"或"交叉带"的局面，监管机构和人员的冗杂、重复监管导致监管成本居高不下，浪费社会资源。三是缺乏必要的问责机制，监管出现问题时，各责任主体相互推诿。

2. 分散监管模式低效

目前中国实行的是分散监管模式，监管的效果并不理想：一是行政监管低效。中国各级人力资源和社会保障部门以及养老保险经办机构承担辖域内养老保险监管工作，这种隶属于属地管理原则下的监管体制存在着"执监不分""政资不分"等"自家人监督自家人"的问题，即养老保险基金稽查与监督实施不分，行政管理与基金监管职能界限模糊，导致基金运行过程中违规违纪问题凸显。如表3-14所示，2007～2013年清理收回企业欠缴养老保险费从242亿元增加到560亿元，稽查人数从11020万人增加到17515万人。

表3-14　2007～2013年全国基本养老保险欠费情况

年份	稽查人数（万人）	少报漏报人数（万人）	逃费占比（%）	清理收回企业欠费养老保险费（亿元）	少缴漏缴社会保险费（亿元）
2007	11020	861	7.81	242	54.0
2008	11982	1310	10.86	289	50.0
2009	11137	775	6.96	473	37.0
2010	14185	676	4.77	422	27.0
2011	16287	667	4.10	468	35.0
2012	17515	816	4.66	500	35.0
2013	21451	779	3.63	560	34.2

资料来源：根据2007～2013年人力资源和社会保障部《全国社会保险情况》整理而来。

二是人大监督不到位。《中华人民共和国社会保险法》规定"各级人民代表大会常务委员会听取和审议本级人民政府对社会保险基金的收支、管理和投资运营情况进行监督检查的专项工作报告，依法行使监督职权"。[①]但是，人大监督方式有限，仅有 1/10 的省份对听证会和提出预算修正案做出规定，对违法行为的检举和问责重视不够，存在走走形式等现象。[②]

三是财政与审计监管不力。财务与审计部门监管是由各级统筹地区财务与审计部门针对养老保险基金财务会计制度执行情况实施的监督，从 2012 年社会保险基金专项审计结果来看，出现企业职工基本养老保险基金未纳入财政专户管理、经办机构等部门多头违规开户、养老保险基金预算编制不规范等财务与审计监督不力的问题。[③]

四是社会监督虚设。具有社会监督功能的社会保险监督委员会并非常设机构。①从机构设置的数量来看，全国未能普遍建立，仅在试点地区运行。2012 年，人力资源和社会保障部发布《关于开展社会保险基金社会监督试点的意见》逐步开展试点工作，2013 年 3 月确定吉林、福建、河南、广东、贵州、新疆 6 个省份的 17 个市作为第一批试点地区，2014 年 5 月在江苏、浙江、江西、湖北、湖南、重庆 7 个省份的 19 个市作为第二批开展试点地区，目前仍有 31% 的试点地区未组建监管委员会。②监督责任未能发挥效应。各试点地区在试点推进过程中探索适合自己

---

① 资料来源：《中华人民共和国社会保险法》第七十六条规定，2010 年 10 月 28 日。

② 王逸帅. 省级人大加强全口径预算审查监督的实证研究 [J]. 北京航空航天大学学报（社会科学版），2017（31）：31.

③ 吴红梅. 包容性发展背景下的我国基本养老保险整合研究——基于整体性治理的分析框架 [M]. 北京：知识产权出版社，2014：117.

的监督模式，主要依靠"四支队伍"的做法，即社会保险监督委员会、社会监督员队伍、专家人才库和相关服务机构的行业协会，[①]监管模式并不固定。同时，存在部分试点地区未设立具体的办事机构，无固定的专职人员，甚至没有办公经费，很多委员都是由行政部门相关人员兼职，所组建的社会保险监委会流于形式，监管作用有限。③社会参与度低。《中华人民共和国社会保险法》明确公众对于基金监管的知情权，充分发挥公众的监督作用，但各试点地区关于基金监管披露的内容并不规范，建立听证制度的地区过少，听证频次低，听证人员受众面过于局限，公众难以及时获得监督所需要的信息，影响社会参与的效果。

第三节　本章小结

本章通过回顾计划经济时期、改革开放初期、深化改革时期养老保险政府责任定位的具体表现，总结其演变规律：经历从政府"包揽"责任到"逐步淡出"责任再到"尝试理性回归"的过程，也是政府、市场与社会责任不断调整与融合的过程。从历史经验来看，政府在其中承担责任是必要的，但政府大包大揽所有养老保险事务并不可取，这在计划经济时期有过教训；但政府也不能全身而退，完全将责任推给市场与社会，造成自身责任的缺位，导致制度公平性不足。现阶段中国政府责任并没有做到真正的理性回归，未能找准自身责任的定位，仍处于以解决问题为出发点的被动回应阶段，存在顶层设计责任缺位、财政供给责任

---

① 刘允海. 社会保险基金社会监督试点综述 [J]. 中国医疗保险，2015（9）：52.

差异、组织实施责任被动、监管管理责任分散的问题。通过对基本养老保险政府责任定位演变与问题的分析，发现政府责任定位是一个贯穿着政府与市场、公平与效率、城市与农村的矛盾，同时也是一个受到诸多因素相互影响与作用的过程，因而，通过实证分析找准影响中国基本养老保险政府责任定位的主要因子便成为必然。

第四章 中国基本养老保险政府责任定位的影响因子分析

基本养老保险政府责任定位是一个复杂而多维的过程，诸多影响因子相互交织通过不同机理对其产生复杂的影响，并表现在基本养老保险政府责任定位过程中的数量特征。本章运用现代计量经济学方法与分析软件，对中国基本养老保险政府责任定位的主要影响因子进行实证检测与判断，既是对现阶段中国基本养老保险政府责任定位效应的检验，也是明确政府责任定位制约因子的需要，为合理定位中国基本养老保险中的政府责任提供更为科学的依据。

第一节 中国基本养老保险政府责任定位的影响因子识别

一、影响因子识别的依据与原则

中国基本养老保险政府责任定位是由诸多影响因子相互作用与耦合的过程，需要明确影响因子识别的依据与原则，如表4-1所示，识别与提炼中国基本养老保险政府责任定位的影响因子，为构建影响因子的理论模型与实证分析提供前期的准备。

表4-1　中国基本养老保险政府责任定位影响因子识别的依据与原则

影响因子识别的依据与原则	
识别依据	以已有研究成果中的重要观点为识别依据
	以基本养老保险政府责任定位的理论规范为识别依据
	以中国基本养老保险政府责任定位现实问题为识别依据
识别原则	**科学性** 按照基本养老保险政府责任定位的科学内涵要求，力求反映基本养老保险政府责任定位的本质特征、现实基础与未来取向
	综合性 按照基本养老保险政府责任定位的关键性问题来设置，将影响因子视为一个有机的体系，从不同的角度反映被影响系统的要素与特征
	可操作性 按照简明、容易获取、统计口径一致的原则选取，用与其含义相近且有代表性的变量替代理论视角分析有意义但在实证分析中无法操作的变量

二、影响因子的识别与提炼

根据影响因子识别的依据与原则，本书选择经济发展、财政能力、人口结构、制度环境为影响中国基本养老保险政府责任定位的代表性因素，从中识别与提炼影响因子。

1. 经济发展对基本养老保险政府责任定位的影响

宏观经济发展形势是对经济理论进行反思和创新的催化剂，也是各国政府变革经济政策和福利政策的外部推动力，尤其是关乎国民权益的基本养老保险政策更需要顺应宏观经济的变化规律进行适时的调整。国内外学者从经济增长的波动性角度分析宏观经济发展影响基本养老保险政府责任定位的研究较为丰富，在理论与实证方面的分析倾向于两种不同的观点：一种观点是经济增长对基本养老保险政府责任定位产生正向效应。国外学者戴维斯（2004）分析 OECD 国家跨国面板数据得出宏观经济发展同养老保险体系具有千丝万缕的关系。[1]克里斯多夫（2010）[2]、蒂姆和海伦（2013）[3]运用计量方法研究得出政府养老金支出与人均 GDP 的关系成正相关的结论。国内学者董拥军（2008）运用协整分析方法分析经济增长与中国养老金支出之间的关系，实证结果表明两者为正相关。[4]国内学者薛新东（2012）[5]、于建华（2014）[6]、杜亚倩（2014）[7]、杨斌和丁建定（2015）[8]选取 GDP 增长率作为影响基本养老保险财政责任的经济因素进行实证分析。另一种观点则认为影响效果不显著，阿耶德（2008）[9]、卡特林（2013）[10]从社会经济形态的视角认为经济发展因素对养老保险支付水平的影响基本不会随着基本养老保险制度的变化而改

————————

[1] Davis E.,Hu Y. Is There a Link Between Pension-fund Assets and Economic Growth? a Cross-country Study [J].Working Paper,London: Economics and Finance Working Papers, Brunei University,2004(4):23.

[2] Christophe Hachon.Do Beveridgian Pension Systems Increase Growth? [J].Popul Econ, 2010(23):825-831.

[3] Tim Buyse,Freddy Heylen. Renaat Van de Kerckhove.Pension Reform,Employment by Age and Long-run Growth[J].Popul Econ,2013(26):769-809.

[4] 董拥军，邱长溶. 我国社会保障支出对公平与效率影响的实证分析 [J]. 统计与决策，2008（1）：86-88.

[5] 薛新东. 我国养老保险支出水平的影响因素研究 [J]. 财政研究，2012（6）：7.

[6] 于建华,薛兴利,李强. 养老保险与经济发展关系的实证分析——基于VAR模型的视角[J]. 技术经济与管理研究，2014（8）：12-16.

[7] 杜亚倩. 经济增长、人口老龄化对养老保险基金支出影响的实证分析[J]. 全国商情（理论研究），2014（6）：73.

[8] 杨斌,丁建定."五维"框架下中国养老保险制度政府财政责任机制改革的环境分析[J]. 社会保障研究，2015（1）：22.

[9] Ayede Y. Aggregate Consumption Function and Public Social Security:The First Series Study for a Developing Country[J].Turkey Applied Economics,2008(14):1807-1826.

[10] Kathrin Dumman. What Determines the Demand for Occupational Pensions in Germany? SOEP Papers on Multidisciplinary Panel Data Research[M].Working Paper,2013:132.

变。张向达（2010）[①]、刘新（2010）[②]认为养老保险支出与就业正向相关，与经济增长之间不存在 Granger 因果关系。

1978 年改革开放以来，中国经济保持着高速增长的态势，如图 4-1 所示，但这种增长态势并不稳定，经历三个波段：从 1978 年至 1990 年，由先增长转为后降低；从 1990 年至 1999 年，再次出现先增长后降低的波动；从 1999 年至 2007 年，经济快速增长。受到 2008 年金融危机的冲击，中国 GDP 增长率出现先降后升的"V"字形轨迹，自 2010 年以后，中国经济发展逐渐显现出 30 多年高速增长积累的风险与矛盾，GDP 增速出现逐步回落的态势，从 2012 年的 10.40%、2013 年的 10.16% 滑落到 2014 年的 8.19% 再到 2015 年的 7.00%。

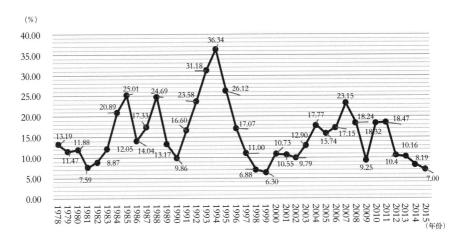

图4-1　1978～2015年中国经济增长速度

资料来源：根据国家统计局年度数据整理而来。

---

① 张向达，李宏. 社会保障与经济发展关系的思考 [J]. 江西财经大学学报，2010（1）：52-58.

② 刘新，刘伟. 社会保障支出、不确定性与居民消费效应 [J]. 江西财经大学学报，2010（4）：49-55.

与经济发展相伴的因素是中国收入分配格局的变化，从计划经济时期的平均分配到市场经济条件下的按劳分配，中国已是世界上收入差距最大的国家之一，[1] 这种收入不平等的情况会在社会转型期持续相当长的一段时间。[2] 基本养老保险具有调节收入分配的功能，戴蒙德（1977）认为政府介入养老保险的重要理由包括收入再分配、纠正市场失灵、避免个人短视行为。国外学者开始关注收入分配因素，亚伦（1970）认为财政支出规模与城乡收入差距之间存在正相关关系；巴德汉（2002）[3]、豪·R.（2010）[4] 认为财政体制的分权化改革不利于公共财政资源的均等化配置，是造成中国城乡收入差距扩大的主要原因。国内学者邓旋（2011）基于省级面板数据分析发现财政支出规模对城乡收入差距的影响显著；[5] 柯卉兵（2013）认为城乡之间收入差距拉大是影响基本养老保险政府责任定位的关键因素，高收入的城市居民不断获取政府赋予的福利，而收入偏低的农村居民却被挡在保障之外。[6] 重要的是，当前学界达成共识认为城乡二元经济结构是影响中国基本养老保险政府责任定位的重要因素，郑功成（2014）认为目前中国基本养老保险的制度建设滞后于经济社会

---

① 北京大学中国社会科学调查中心. 中国民生发展报告 [M]. 北京：北京大学出版社，2014：7.

② Richard Herd. Overall Inequality Has Ceased to Increase in Recent Years, and May Even Have Inched Down. A Pause in the Growth of Inequality in China?[J] . OECD Economics Department WorkingPapers, 2010(4)：6-10.

③ Bardhan P. Decentralization of Government and Development[J]. Journal of Economic Perspectives, 2002(4):185-205.

④ Hao R. Wei Z. Fundamental Causes of Inland-Coastal Income Inequality in Post-Reform China[J]. The Annals of Regional Science, 2010(1):181-206.

⑤ 邓旋. 财政支出规模、结构与城乡收入不平等——基于中国省级面板数据的实证分析 [J]. 经济评论, 2011（4）：63-69.

⑥ 柯卉兵，李静. 论社会保障转移支付制度的理论依据 [J]. 中州学刊, 2013（7）：74-78.

发展的需要，并表现为城乡分割与地区分割的推进方式，损害制度的统一性及特定功能的发挥。[①] 张文（2013）认为城乡二元经济格局、管理体制差异、财政投入不足是导致中国城乡间养老保障水平差距的原因。[②] 曹光四和张启良（2015）从城乡居民收入比的指标着手分析中国城乡居民收入差距变化的最新特点，认为政府在财政稳步增长下应逐步提高农村养老保障水平以缩小城乡收入差距。[③] 城乡居民收入差距是中国收入差距的主要表现，如表4-2所示，2015年中国城乡人均可支配（纯）收入比为2.95∶1，而世界大多数国家城乡收入差距基本维持在1.5 ～ 2倍。

表4-2　2005～2015年中国城乡收入差距情况

年份	城镇居民人均可支配收入（元）	农村居民人均纯收入（元）	城乡居民人均收入差距（元）	城乡人均可支配（纯）收入比
2005	10493.0	3255.0	7238.0	3.22:1
2006	11759.5	3587.0	8172.5	3.28:1
2007	13785.8	4140.4	9645.4	3.33:1
2008	15780.8	4760.6	11020.2	3.31:1
2009	17174.7	5153.2	12021.5	3.33:1
2010	19109.4	5919.0	13190.4	3.23:1
2011	21809.8	6977.3	14832.5	3.13:1
2012	24564.7	7916.6	16648.1	3.10:1
2013	26955.1	8895.9	18059.2	3.03:1
2014	29381.0	9892.0	19489.0	2.97:1
2015	31790.3	10772.0	21018.3	2.95:1

资料来源：根据2005 ～ 2015 年《中华人民共和国国民经济和社会发展统计公报》的数据计算而来。

---

① 郑功成. 中国社会保障制度变革挑战 [J]. 决策探索，2014（1）：18.

② 张文. 我国社会保障水平的城乡差异分析 [J]. 求实，2013（5）：46.

③ 曹光四，张启良. 我国城乡居民收入差距变化的新视点——对我国城乡居民收入比的解读 [J]. 金融与经济，2015（2）：40.

基于上述已有研究成果，如表4-3所示，本书拟选择以下变量作为经济发展对基本养老保险政府责任定位的主要影响因子：①人均国内生产总值（元）；②GDP增长率（%）；③城乡居民收入差距（元）。特别指出的是，地区经济发展水平是影响基本养老保险政府责任定位的重要变量，而各地人均国内生产总值是衡量地区经济水平的重要变量，但由于各省份的数据过于分散，所以无法将其纳入经济模型中。

表4-3　已有研究关于经济发展对基本养老保险政府责任定位的影响因子

变量选取	参考来源
人均国民生产总值（元）	托马斯·R本和邓肯K（2001），约翰·Y坎贝尔（1999），巴罗（1991），戴维斯（2004），克利斯朵夫（2010），蒂姆和海伦（2013），董拥军和邱长溶（2008）等
GDP增长率（%）	阿耶德（2008），卡特林（2013），薛新东（2012），张向达和李宏（2010），刘新（2010），于建华（2014），杜亚倩（2014），杨斌和丁建定（2015）等
城乡居民收入差距（元）	巴德汉（2002），豪·R（2010），邓旋（2011），柯卉兵（2013），张文（2013），郑功成（2014）等

资料来源：笔者根据已有相关文献整理而来。

2. 财政能力对基本养老保险政府责任定位的影响

财政能力对基本养老保险政府责任定位的影响一直是学者们关注的焦点问题，国内外学者普遍认为财政能力与基本养老保险政府责任定位密切相关，并产生正向的效应。国外学者兹维·博迪（1990）认为政府在社会养老保险中扮演着重要的角色，并详细分析了养老金与财政能力之间的关系。[1] 高夫（2013）认为英国养老金制度改革成功的关键在于注重养老金支出的可持续性，强化养老金与财政收入的关联性。[2] 科曼

---

[1] Zvi Bodie. Managing Pension and Retirement Assets: An International Perspective[J]. Journal of Financial Services Research, 1990(4):419.

[2] Gough O, Theophilopoulou A., Adam R. The Effect of Labour Earnings on Post Retirement Income[J]. Journal of Economic Studies, 2013(3):283-297.

（2011）[①]、巴鲁兹（2013）[②]、奥库穆拉（2014）[③]通过实证结果分析支持上述观点。国内学者林治芬（2011）认为财政能力与体制等因素是影响政府社会保障财政责任的关键因素。[④]曹信邦和刘晴晴（2011）运用数理模型与SPSS分析工具预测中国财政收入状况，分析未来30年中国农村养老保险制度的财政支持能力。[⑤]杨斌（2016）认为中国基本养老保险财政负担能力受到社会经济条件、制度发展状况、财政支出偏好等因素的影响。[⑥]庞凤喜（2016）认为财政责任及其承受能力的不明晰，是制约中国养老保险制度顶层设计方案确立及实施可操作性的关键因素，通过预测评估实现全国统筹的财政负担得出中央财政有能力也应当承担起"兜底"责任。[⑦]

财政收入是财政支出的基础与先决条件，直接影响基本养老保险的财政保障能力。财政收入占GDP比重作为衡量财政保障能力的重要变量，世界各国财政收入占GDP比重通常在20%～30%，中国财政收入占

[①] Coman E.E.Notionally Defined Contributions or Private Accounts in Eastern Europe:A Reconsideration of a Consecrated Argument on Pension Refrom[J].Comparative Political Studes,2011(7):84-90.

[②] Baluzs E.The Impact of Changes in Second Pension Pillars on Public Finance in Central and Eastern Europe:The Cause of Poland[J].Economic Systems,2013(3):47-49.

[③] Okumura T.Usui E.The Effect of Pension Reform on Pension-benefit Expectations and Savings Decision in Japan[J].Applied Economics,2014(16):167-169.

[④] 林治芬.中国社会保障财政责任研究[M].中国社会保障改革与发展战略，北京：人民出版社，2011：270.

[⑤] 曹信邦，刘晴晴.农村社会养老保险的政府财政支持能力分析[J].中国人口·资源与环境，2011（10）：129-131.

[⑥] 杨斌.城乡居民养老保险政府财政责任和负担的地区差异[J].西部论坛，2016（1）：102-108.

[⑦] 庞凤喜，贺鹏皓，张念明.基础养老金全国统筹资金安排与财政负担分析[J].财政研究，2016（12）：38-48.

GDP 比重从 2005 年的 16.89% 上升至 2015 年的 22.10%。[①] 已有研究表明，财政收入与 GDP 之间的关系密切，财政收入是养老保险财政补贴的经济基础，未来财政收入规模直接影响财政保障能力。本书运用 Eviews 6.0 软件，根据《中国统计年鉴》中 1996 ~ 2015 年 GDP 与财政收入的数据来进行预测，预测思路为：构建协整模型证明 GDP 与财政收入之间的关系，使用指数平滑法预测 GDP 规模，通过 GDP 规模来预测财政收入，得出 2016 ~ 2050 年财政收入占 GDP 比重的数据。

首先，构建协整模型。以财政收入为因变量 Y，GDP 为自变量 X，对变量进行平稳性检验，结果如表 4-4 所示，GDP 与财政收入的二阶差分 ADF 值均低于显著性水平 1% 的临界值，说明 GDP 与财政收入满足做协整的条件。

表4-4　ADF单位根检验

变量	ADF 值	1% 临界值	5% 临界值	10% 临界值
X	1.4653	-4.2477	-3.2594	-2.8392
D（X，1）	-1.8502	-4.3328	-3.2913	-2.8456
D（X，2）	-6.9067	-4.4372	-3.3206	-2.8669
Y	0.8724	-4.2488	-3.3594	-2.8294
D（Y，1）	-1.6892	-4.3319	-3.2932	-2.8452
D（Y，2）	-8.4783	-4.4581	-3.3508	-2.8669

采用 E-G 两步法进行协整分析。第一步是回归分析，结果如表 4-5 所示，修正可决系数为 0.9982，模型 F 值为 4628.212，伴随概率 P 值为 0.0000，通过显著性水平为 1% 的检验，自变量 X 的 t 检验显著，说明模

----

① 资料来源：根据 2005 ~ 2016 年《中国统计年鉴》数据计算而来。

型拟合优度良好，最终确立的模型为：Y=−13663.55+0.255061X。

表4−5　回归分析表

变量	系数	标准误差	t 统计量	P 值
常数	−13663.55	1273.358	−10.70016	0.0000
自变量 X	0.255061	0.004754	68.33758	0.0000
R2	0.998463	因变量均值		56942.32
修正的 R2	0.998243	因变量标准差		38371.13
回归标准差	2341.951	AIC 准则		18.38264
残差平方和	54174558	SC 准则		18.47393
对数似然值	−136.8225	F 值		4628.212
DW 值	0.541992	P 值（F 统计量）		0.000000

第二步是检验回归残差平稳性，结果如表 4-6 所示，回归残差的 ADF 值 −2.9671 低于显著性水平 10% 下的临界值，表明在置信度水平为 90% 的情况下，残差是平稳的，证明财政收入与 GDP 之间存在协整关系，也说明两者具有长期稳定的均衡关系。

表4−6　残差单位根检验

ADF 检验统计量	−2.9671	1% 临界值	−4.1588
		5% 临界值	−3.1372
		10% 临界值	−2.8293

其次，使用指数平滑法预测 GDP 规模。运用 Eviews 6.0 软件的时间序列建模器，对自变量 X 进行预测，得到最优模型为 Brown 线性趋势模型，即指数平滑法，适用于具有线性趋势且没有季节性的时间序列，得出 GDP 预测值，再将 GDP 预测值带入协整方程，得出财政收入的预测值，从而计算出财政收入占 GDP 比重的数据，详见表 4-7。

表4-7 2016～2050年中国GDP与财政收入的预测

年份	GDP（亿元）	财政收入（亿元）	财政收入占GDP比重（%）
2016	719452	161012	22.38
2017	770943	176269	22.86
2018	822456	185636	22.57
2019	871929	201002	23.05
2020	951421	218369	22.95
2021	972914	225736	23.20
2022	1013406	234503	23.14
2023	1073899	250470	23.32
2024	1206381	280936	23.29
2025	1174884	271981	23.15
2026	1215876	291570	23.98
2027	1275869	298971	23.43
2028	1311261	320103	24.41
2029	1376854	324670	23.58
2030	1390346	339937	24.45
2031	1477839	349404	23.64
2032	1528331	380771	24.91
2033	1578824	374137	23.70
2034	1609315	409504	25.45
2035	1679809	429193	25.55
2036	1710305	440238	25.74
2037	1780794	453122	25.44
2038	1821282	468971	25.75
2039	1881779	478338	25.42
2040	1912279	499705	26.13
2041	1982764	523072	26.38

年份	GDP（亿元）	财政收入（亿元）	财政收入占 GDP 比重（%）
2042	2023856	549438	27.15
2043	1982764	567805	28.64
2044	2123042	589172	27.75
2045	2184248	602728	27.59
2046	2201228	620905	28.21
2047	2285719	647272	28.32
2048	2356220	669639	28.42
2049	2386704	672006	28.16
2050	2427196	694373	28.61

资料来源：数据由笔者预测得来。

国内学者赵海利（2013）[①]、赵海华（2016）[②]、唐青（2017）[③]也对未来中国财政收入进行了预测，认为财政收入与 GDP 的增速基本保持一致，财政收入能力还有上升空间，到 2050 年财政收入占 GDP 比重将达到 28%，与本书预测结果大体一致，说明本书预测可以成立。中国政府在现行基本养老保险制度中承担财政补贴责任，与财政能力密不可分，同时财政能力也受财政补贴等变量的影响。如表 4-8 所示，2005～2015 年中国财政对基本养老保险的补贴不断攀升，从 2005 年的 651 亿元上升到 2015 年的 6871 亿元，人均财政补贴也从 2005 年的 1490.56 元上升至

[①] 赵海利，吴明明. 中国财政收入预测的准确性分析 [J]. 经济研究参考，2013（45）：41.

[②] 赵海华. 基于灰色RBF神经网络的多因素财政收入预测模型 [J]. 统计与决策，2016（13）：79.

[③] 唐青. 全覆盖背景下养老保险可持续发展研究——以财务可持续为主线 [M]. 成都：西南财经大学出版社，2017：151.

2015 年的 7515.94 元。王丹（2015）[1]、孙亚娜（2017）[2]认为养老保险财政依存度是指养老保险财政补贴占财政收入的比重，是用于衡量养老保险财政负担的重要变量。中国基本养老保险财政依存度逐年增长，从2005 年的 2.06% 到 2015 年的 4.51%，意味着基本养老保险制度的可持续性依赖财政补贴与财政的承受能力，详见表4-8。

表4-8　2005～2015年财政对基本养老保险的补贴情况

年份	财政对城保补贴（亿元）	财政对居保补贴（亿元）	财政补贴总计（亿元）	离退休人数（万人）	人均财政补贴（元）	财政收入（亿元）	财政补贴占财政收入比重（%）
2005	651	—	651	4367.5	1490.56	31649.29	2.06
2006	971	—	971	4635.4	2094.75	38760.20	2.51
2007	1157	—	1157	4953.7	2335.63	51321.78	2.25
2008	1437	—	1437	5303.6	2709.48	61330.35	2.34
2009	1646	—	1646	5806.9	2834.56	68518.30	2.40
2010	1954	228	2182	6305.0	3460.75	83101.51	2.63
2011	2272	689	2961	6826.2	4337.70	103874.43	2.85
2012	2648	1235	3883	7445.7	5215.09	117253.52	3.31
2013	3019	1416	4435	8041.0	5515.48	129209.64	3.43
2014	3548	1644	5192	8593.4	6041.85	140370.03	3.70
2015	4716	2155	6871	9141.9	7515.94	152269.23	4.51

资料来源：根据2005～2007年《劳动和社会保障事业发展统计公报》以及 2008～2015 年《人力资源和社会保障事业发展统计公报》数据整理而来。其中，城乡居民养老保险的财政补贴根据城乡居民基本养老保险基金收入减去个人缴费得出；人均财政补贴根据每年基本养老保险财政补贴数额除以离退休人数得出；养老保险财政补贴占财政收入比重代表养老保险财政依附度。

---

① 王丹. 我国养老保险财政负担能力可持续性研究 [D]. 大连：东北财经大学，2015：28.

② 孙亚娜，王成鑫，边恕. 农村社会养老保险制度优化研究——基于养老金与财政动态契合的视角 [M]. 北京：经济管理出版社，2017：202.

基于上述已有研究成果，本书拟选择以下变量作为财政能力对基本养老保险政府责任定位的主要影响因子：①财政收入占 GDP 比重（%）；②人均财政补贴（元）；③养老保险财政补贴占财政收入比重（%）（见表4-9）。

表4-9　已有研究关于财政能力对基本养老保险政府责任定位的影响因子

变量选取	参考来源
财政收入占 GDP 比重（%）	兹维·博迪（1990），高夫（2013），科曼（2013），奥库穆拉（2014），林治芬和孙王军（2012）等
人均财政补贴（元）	曹信邦和刘晴晴（2011），杨斌（2016），庞凤喜（2016）等
养老保险财政补贴占财政收入比重（%）	王丹（2015），王素芬（2017），孙亚娜（2017）等

资料来源：笔者根据已有相关文献整理而来。

3.人口结构对基本养老保险政府责任定位的影响

基本养老保险是围绕劳动年龄人口与老年人口建立的代际资源分配与交换系统，因此，人口结构因素对基本养老保险政府责任定位影响的研究是养老保险研究领域中的重要问题。人口结构包括人口的年龄结构、人口的地理分布即地区结构，其中人口年龄结构的老龄化趋势成为所有国家基本养老保险制度建立必须考虑的因素。国内外学者关于这方面的研究成果颇为丰富，黛博拉（1996）在人口老龄化、养老金体系与政府预算研究中提出"政府总财政平衡"模型，用来预测人口老龄化背景下政府财政平衡情况。[①] 汉斯·辛恩（1997）提出"隐性税收"模型分析现

---

① Deborah Roseveare.Willi Leibfritz,Douglas Fore,Eckhard Wurzel.Ageing Populations,Pension Systems and Government Budgets:Simulations for 20 OECD Countries[M].OECD Publishing,1996:124.

收现付制养老保险体系下人口老龄化对政府责任的影响。[①]马丁·费尔斯坦（2001）[②]、党 T（2001）[③]、卡尔沃 E（2008）[④]认为在人口老龄化不断加重的情况下政府需要合理控制养老金支出规模，才能实现养老保险制度的有效运行。郑秉文（2011）[⑤]、封进（2012）[⑥]认为人口老龄化不可避免地增加了福利支出的财务成本，其中公共养老金支出是最主要的财务成本，如果不能采取有效措施解决老龄化造成的财务成本上升问题，必然加重财政负担并导致政府债务危机。穆怀中（2001）从国际比较的视角运用线性回归分析发现，社会保障水平与老年人口比重、失业率以及人均 GDP 之间为正相关关系。[⑦]李敏（2010）[⑧]、苏宗敏（2013）[⑨]、赫国胜（2016）[⑩]利用时间序列数据以 65 岁以上老年人口比重作为控制变量，认为人口老龄化对养老金支出水平具有显著的正向效应。

① Hans Werner Sinn. The Value of Children and Immigrants in a Pay-as-you-go Pension System[M]. National Bureau of Economic Research, 1997:54.

② Feldstein M. S. Ranguelova E. Individual Risk in Investment-Based Social Security System[J]. American Economic Review, 2001(4):116-125.

③ Dang T. T., Antolin P., Oxley H. Fiscal. Implication of Aging:Projection of Age-Relation Spending. OECD Economic Department Working Paper [M]. Paris:Organisation for Economic Co-operation and Development , 2001:2-5.

④ Calvo E. Willamson J. B. Old-Age Pension Reform and Modernization Pathways:Lessons for China from Latin American[J]. Journal of Aging Studies, 2008(1):74-87.

⑤ 郑秉文. 欧债危机下的养老金制度改革——从福利国家到高债国家的教训 [J]. 中国人口科学, 2011（5）：2.

⑥ 封进, 何立新. 中国养老保险制度改革的政策选择——基于老龄化, 城市化, 全球化的视角[J]. 社会保障研究, 2012（3）：29-41.

⑦ 穆怀中. 老年社会保障负担系数研究 [J]. 人口研究, 2001（4）：19-23.

⑧ 李敏, 张成. 中国人口老龄化与养老金支出的量化分析[J]. 社会保障研究, 2010(1)：17.

⑨ 苏宗敏, 王中昭. 人口老龄化背景下中国基本养老保险支出水平的探析 [J]. 宏观经济研究, 2015（7）：59.

⑩ 赫国胜, 柳如眉. 金砖五国人口老龄化、公共养老金支出及其改革策略分析[J]. 中央财经大学学报, 2016（1）：56.

所谓人口老龄化是指老年人口总量占总人口的比例不断上升的社会发展过程，是人口结构变化的一种具体表现形式，"是亟待整个人类社会共同面临和解决的重大课题，作为一种不可逆转的客观发展规律"。[①] 依照联合国发表的《人口老龄化及其社会经济后果》中将 65 岁以上老年人口占总人口的比重达到或是超过 7% 作为老龄化社会的标准，中国是 2000 年正式迈入老龄化社会的，并以较短的时间完成了从年轻型人口国家到成年型人口国家再到老年型人口国家的转变过程。与此同时，郑秉文（2016）认为"高龄少子"是中国当前和未来一个阶段人口结构发展的趋势性特征，[②] 部分国内外学者也从人口少子化角度展开研究，周立环（2016）[③]、王有鑫（2016）[④]、曹子坚（2017）[⑤]、刘铠豪（2017）[⑥] 选取 0 ~ 14 岁人口占总人口比重作为少子化的测量变量，依据人口统计学标准，0 ~ 14 岁人口占总人口的比例在 15% 以下为超少子化，15% ~ 18% 为严重少子化，18% ~ 20% 为少子化；[⑦] 中国自 2006 年开始进入少子化时期，由于 0 ~ 14 岁人口数量持续下降，2010 年 0 ~ 14

① 国家应对人口老龄化战略研究养老保险制度改革与发展研究课题组 . 养老保险制度改革与发展研究 [M]. 北京：华龄出版社，2014：1.

② 郑秉文 . 从"高龄少子"到"全面二孩"：人口均衡发展的必然选择——基于"人口转变"的国际比较 [J]. 新疆师范大学学报（哲学社会科学版），2016（4）：24.

③ 周立环 . 解读我国的人口少子化问题 [J]. 边疆经济与文化，2016（9）：59.

④ 王有鑫，赵雅婧 . 人口年龄结构与出口比较优势——理论框架和实证经验 [J]. 世界经济研究，2016（4）：78-93.

⑤ 曹子坚，郭晓萱 . 简析人口结构变化对我国经济增长的影响 [J]. 知识经济，2017（10）：28.

⑥ 刘铠豪 . 我国内需增长的理论机理与实证检验——来自人口结构变化的解释 [J]. 南开经济研究，2017（1）：4.

⑦ 刘晓艳，石洪波 . "全面二孩"政策下的中国人口结构解析 [J]. 统计与决策，2017（8）：77.

岁人口比例为 16.60%，中国已进入严重少子化时期，老龄人口的持续增长与低龄人口的长期负增长，共同加剧了中国人口结构的失衡，中国正面临着少子和人口老龄化的双重考验，详见图4-2。

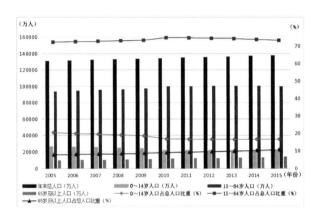

图4-2　2005～2015年中国人口结构变化情况

资料来源：根据2005～2016年《中国统计年鉴》数据计算而来。

已有研究倾向于通过人口老龄化预测分析对基本养老保险政府责任定位的影响。关于人口预测方法主要分为两类，即队列要素预测法与数学模型预测法，其中队列要素预测法是指在对出生率、死亡率、性别比等关键要素进行设置与估计的基础上，预测未来人口结构的趋势，与数学模型预测法相比，队列要素预测法的预测结果更加精确，本书采用队列要素预测法。假定预测的空间为中国境内的封闭空间，不考虑净迁移率，即不考虑各省份之间的人口流动和国际间的相互移民。关于总和生育率的参数设置，根据2000年和2010年的全国人口普查结果，中国总和生育率分别为 1.22 和 1.19；翟振武（2003）[①]、吴永求（2012）[②] 利

---

① 翟振武. 全面建设小康社会与全面解决人口问题 [J]. 人口研究，2003（1）：1-4.

② 吴永求. 中国养老保险扩面问题及对策研究 [M]. 北京：中国人民大学出版社，2014：87.

用 2010 年人口普查数据对总和生育率进行预测,认为 2000 ～ 2010 年隔年平均的人口总和生育率约为 1.78;本书考虑到目前全面放开"二孩"政策的实施,认为预测设定总和生育率应该高于普查结果,故假定中国总和生育率为 1.7。关于出生性别比的参数设置,根据历次人口普查数据,1982 年中国出生性别比为 108.5,1990 年为 111.3,2000 年上升至116.9,2010 年继续小幅升至 116.2,现假定未来人口出生性别比为 116。预期寿命是影响人口结构和推算死亡情况的重要参数,根据中国历次人口普查资料变动情况,详见表 4-10,本书参考联合国公布的中国预期寿命经验数据,假定预算期内人均预期寿命每 5 年的提高幅度为 0.5 岁,人口平均预期寿命从 2010 年第六次人口普查公布的 74.83 岁增长至 2050 年的 85 岁,2050 年男性达到 81 岁,女性达到 87 岁。

表4-10　1982～2015年中国人口平均预期寿命

	1982 年	1990 年	2000 年	2005 年	2010 年	2015 年
平均预期寿命（岁）	67.77	68.55	71.40	72.95	74.83	76.34
男性平均预期寿命（岁）	66.28	66.84	69.63	70.83	72.38	73.64
女性平均预期寿命（岁）	69.27	70.47	73.33	75.25	77.37	79.43

资料来源:2016 年《中国统计年鉴》。

本书以 2010 年第六次人口普查的数据为基础,按照年龄移算法以各年龄组的实际人数为基数,按照一定的存活比率进行逐年递推来对人口进行预测。[①] 根据上述所设置参数,以 5 年一组的方式对人口结构进行分组,来预测未来各年龄组人口,公式如下:

$$Y_{t+5,x+5} = P_{t,x} + 5 \cdot Y_{t,x} \qquad (4-1)$$

---

① 蒋运营. 基于年龄移算法的人口预测 [J]. 统计与决策,2012（13）：82.

公式（4-1）中 $Y_{t+5,x+5}$ 表示 t+5 年生命表中 x+5 岁实际人口数，$Y_{t,x}$ 表示 t 年 x 岁的人口数，$m_{t,x}$ 表示 t 年 x 岁的人口死亡率，$P_{t,x}$ 为 x 岁人口的存活率，$P_{t,x}=1-m_{t,x}$，其中，x ≥ 0，t ≥ 2010。

t 年生命表中 65 岁以上老年人口数：

$$Y_{65+,t} = \sum_{i}^{w-1} Y_{\substack{i=65,66,67,\cdots,w-1}} \qquad （4-2）$$

由公式（4-1）和公式（4-2），测算出中国未来人口老龄化趋势，详见表 4-11。

表4-11　中国未来人口结构与人口老龄化趋势预测

年份	人口数（亿人）				占总人口比重（%）		
	总人口	0~14岁	16~64岁	65岁以上	0~14岁	16~64岁	65岁以上
2020	13.89	3.12	8.92	1.85	22.46	64.22	13.32
2025	14.02	3.25	8.54	2.23	23.18	60.91	15.91
2030	14.09	3.22	8.21	2.66	22.85	58.27	18.88
2035	14.15	3.38	7.38	3.39	23.89	52.16	23.96
2040	14.10	2.70	7.66	3.74	19.15	54.33	26.52
2045	13.98	3.15	6.85	3.98	22.53	49.00	28.47
2050	13.65	2.65	6.65	4.35	19.41	48.72	31.87

资料来源：数据由笔者预测，由于2015年的数据已经产生，此表不再显示。

从世界银行、联合国人口基金组织、国家统计局、全国老龄委等研究机构对中国人口老龄化趋势的预测数据来看，所得出的结论基本一致，即中国老年人口将在 2030 年至 2040 年间快速增长，在 2050 年达到峰值，预计接近 4.5 亿人。据表 4-11 的预测结果，中国在 2030 年至 2050 年面临人口老龄化最严峻的考验，65 岁以上老年人口达到 4.35 亿人，占总人口比重的 31.87%，说明本书预测的结果可以成立。

通过预测人口老龄化趋势发现，中国基本养老保险政府责任定位具有新的挑战：一是人口平均预期寿命延长，造成养老金入不敷出。人口预期寿命延长意味着老年人领取养老金的年限也相应延长，2014年全国职工基本养老保险基金结余比上一年减少15.56%，多个省份相继出现养老金入不敷出的情况，其中辽宁、黑龙江、湖北、河北、湖南和吉林6个省份的缺口约为1666.82亿元，[①] 这种状况意味着只有依靠财政补助才能勉强实现基金平衡。二是劳动力人口逐渐短缺，老年抚养比重不断攀升。人口红利支撑着过去30余年中国经济高速发展，随着中国老年人口与劳动年龄人口结构调整，人口金字塔从"静止型"转为"扩张型"进而转变为"收缩型"。从表4-11的预测数据来看，中国劳动力人口从2020年的8.92亿人下降至2050年的6.65亿人，意味着未来养老保险缴费人口不断减少、享受人口不断增加。这也充分体现在老年抚养比上，如图4-3所示，1995～2015年中国老年人口抚养比持续增长，以2015年数据为例，老年人口抚养比为14.3%，意味着100名劳动人口需要负担14名老年人。

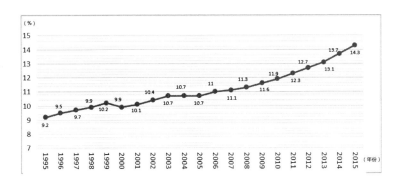

图4-3 1995～2015年中国老年人口抚养比

资料来源：根据1995～2015年《中国统计年鉴》数据计算而来。老年人口抚养比=（65岁以上人口数/15～64岁人口数）×100%。

---

① 郑秉文. 中国养老金发展报告2015——第三支柱商业养老保险顶层设计 [M]. 北京：经济管理出版社，2016：75.

人口流动是人口结构变化中非常特殊的因素,国内学者关信平(2014)认为户籍制度所导致的户籍与定居分离是中国流动人口的本质特征,因而解决流动人口问题的责任在政府方面。[①] 张斌倩(2015)认为流动人口作为特殊群体存在,政府在流动人口养老保险中应当承担制度建构、立法、财政支出、管理和监督的责任。[②] 周依群和李乐乐(2017)认为人口频繁流动会加大社会保险费征缴的难度。[③] 如表4-12所示,截至2015年中国流动人口数量约为2.47亿人,意味着数以亿计人口处于不稳定的流动状态。

表4-12 2000~2015年中国流动人口数量

年份	人户分离人口(亿人)	流动人口(亿人)
2000	1.44	1.21
2005	—	1.47
2009	—	2.11
2010	2.61	2.21
2011	2.71	2.3
2012	2.79	2.36
2013	2.89	2.45
2014	2.98	2.53
2015	2.94	2.47

资料来源:根据2016年《中国统计年鉴》《中国流动人口发展报告》数据整理而来。

中国人口流动是由农村流向城市,由中西部地区流向东部沿海地

[①] 关信平. 中国流动人口问题的实质及相关政策分析 [J]. 国家行政学院学报,2014(5):70.

[②] 张斌倩. 我国流动人口社会保险的政府责任探析 [J]. 管理观察,2015(21):29-30.

[③] 周依群,李乐乐. 中国人口结构转变下的社会保险发展 [J]. 现代管理科学,2017(2):55-57.

区，由经济欠发达地区流向经济发达地区。[①] 考虑到各省份数据较为不集中，本书根据已有研究选择城镇化率作为反映人口流动的变量，薛新东（2012）[②]、左香乡（2014）[③] 使用省级面板数据分析养老保险支出水平的影响因素，发现城镇化率对养老保险支出有显著正向影响；王震（2017）认为大规模的人口流动将成为常态，政府在基本养老保险制度改革中要考虑流动人口的养老需求。[④] 如图 4-4 所示，2005 ~ 2015 年中国城镇人口从 58288 万人增加为 77116 万人，城镇化率也从 44.3% 提高到 56.1%。

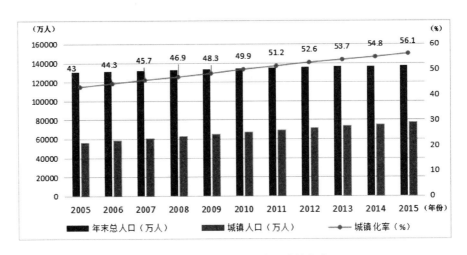

图4-4 2005 ~ 2015年中国城镇化率

资料来源：根据 2016 年《中国统计年鉴》数据计算而来。城镇化率 = 城镇人口 / 总人口。

---

① 刘儒婷. 人口老龄化背景下中国城镇养老金支付能力研究 [D]. 大连：东北财经大学，2012：42.

② 薛新东. 我国养老保险支出水平的影响因素研究——基于2005—2009年省级面板数据的实证分析 [J]. 财政研究，2012（6）：7-10.

③ 左香乡，许新星. 我国区域社会保障差异评估与影响因素研究 [J]. 湘潭大学学报（哲学社会科学版），2014（5）：79-82.

④ 王震. 人口流动与养老金地区差距：基于回归的不平等分解 [J]. 劳动经济研究，2017（1）：78.

基于上述研究成果，本书拟选择以下变量作为人口结构对基本养老保险政府责任定位的主要影响因子：① 65 岁以上人口比重（%）；② 0～14 岁人口所占比重（%）；③城镇化率（%）。需要特别指出的是，目前关于进入老龄化社会的标准有两种，一种是 60 岁以上人口占人口总数比重的 10%，另一种是 65 岁以上老年人口占人口总数的 7%，本书选择 65 岁以上人口所占比重作为老龄化的标准，究其原因：一是国家统计局编著的《中国统计年鉴》已经采用此标准；二是中国将逐步延迟退休年龄至 65 岁，采用此标准更具适用性。流动人口数是影响基本养老保险政府责任定位的重要因子，在理论上非常有价值，但由于现实统计中数据不全，用城镇化率代表人口流动所带来的影响，详见表 4-13。

表4-13　已有研究关于人口结构对基本养老保险政府责任定位的影响因子

变量选取	参考来源
65 岁以上人口比重（%）	黛博拉（1996），汉斯·辛恩（1997），布鲁克斯（2007），克莱莫（2000），马丁·费尔斯坦（2001），党 T（2001），卡尔沃 E（2008），郑秉文（2011），封进和何立新（2012），穆怀中（2001），李敏和张成（2010），苏宗敏和王中昭（2013），赫国胜和柳如眉（2016）等
0～14 岁以上人口所占比重（%）	郑秉文（2016），王有鑫和赵雅婧（2016），刘晓艳和石洪波（2017），曹子坚和郭晓萱（2017），刘晓艳和石洪波（2017），刘铠豪（2017）等
城镇化率（%）	关信平（2014），张斌倩（2015），薛新东（2012），左香乡和许新星（2014），周依群和李乐乐（2017），王震（2017）等

资料来源：根据已有相关文献整理而来。

4. 制度环境对基本养老保险政府责任定位的影响

制度环境与基本养老保险政府责任定位密不可分，郑秉文（2012）[1]、康书隆（2014）[2]认为影响中国当前养老金制度偿付能力的主要因素并

① 郑秉文. 中国养老金发展报告：2012[M]. 北京：经济管理出版社，2012：35.

② 康书隆. 制约我国养老金制度支付能力的影响因素分析——从国际和国内比较分析的视角[J]. 宏观经济研究，2014（9）：48-50.

非人口结构的老龄化，他们选取替代率、覆盖率、赡养率等制度环境因素进行实证分析，发现制度环境因素是造成这一问题的主因。这些学者的观点为本书提供一定借鉴，本书分别收集国内外学者从制度覆盖率、养老金替代率、制度赡养率三个影响因素展开研究的成果。关于制度覆盖率对基本养老保险政府责任定位的影响展开研究的有：国外学者奥尔茨曼（2001）最早开始研究覆盖面的影响因素，运用 Lrobit 模型进行实证分析。[1]帕卡德（2001）运用 1980～1999 年拉美 18 个国家的数据检验覆盖率是否受养老保险制度改革的影响。[2] 安德鲁（2004）通过 Logit 模型研究现收现付制度覆盖率的影响因素，结果表明较高的边际税率、较短的等待期、更宽容的资格规定会增加覆盖率。[3] 拉斐尔和莱昂纳多（2006）将覆盖面、恰当性、可持续性作为养老金体系的评价指标，其中覆盖面是指受正式养老金制度保护的老年人的比例。[4] 国内学者龙梦洁（2009）[5]、李强和

---

[1]　Holzman. Political Sustainability and the Design of Social Insurance[J]. Journal of Public Economics, 2001:36.

[2]　Truman G. Packard. Is There a Positive Incentive Effect from Privatizing Social Security?Evidence from Latin America[M]. Policy Research Working Paper ,2001:89.

[3]　Andrew A. Luchak, Tong Fang, Morley Gunderson. How has Public Poling Shaped Define-benefit Pension Coverage in Canada?[J]. Journal of Labor Research,2004(3):14.

[4]　Rafael Rofmann, Leonardo Lucchetti. Pension Systems in Latin America: Concepts and Measurements of Coverage[J]. World Bank Social Protect Discussion Paper,2006(6): 16.

[5]　龙梦洁. 论农村社会养老保险中的政府财政责任——基于1999年～2003年全国各省市面板数据的实证分析 [J]. 保险研究，1999（5）：64-68.

薛兴利（2010）[①]、罗遐（2012）[②]、叶中华和张福顺（2013）[③]、吴丽萍和宁满秀（2016）[④] 从政府行为、行政能力、职能或责任的角度与养老保险制度覆盖率的关系作出实证分析。

覆盖率反映基本养老保险制度的覆盖范围，但国内外学者关于覆盖率的指标选取标准各有不同，拉斐尔和莱昂纳多（2006）归纳养老保险覆盖率不同的衡量指标，国际上通用指标是将参保缴费人数除以经济活动人数，这一指标体现政府对于公民养老权利保障的程度。[⑤] 如表4-14所示，中国基本养老保险制度覆盖率从 2006 年的 24.59% 逐步提高到2015 年的 44.15%。

表4-14　2005～2015年中国基本养老保险制度覆盖率

年份	参加养老保险人数（万人）	经济活动人口（万人）	覆盖率（%）
2005	17487.9	76120.0	22.97
2006	18766.3	76315.0	24.59
2007	20136.9	76531.0	26.31
2008	21891.1	77046.0	28.41
2009	23549.9	77510.0	30.38
2010	25707.3	78388.0	32.79
2011	28391.3	78579.0	36.13
2012	30426.8	78894.0	38.57

① 李强，薛兴利. 政府职能作用对农户养老保险参保意愿影响因素的实证分析 [J]. 山东农业大学学报，2010（2）：21-25.

② 罗遐. 政府行为对农民参保选择影响的实证分析 [J]. 山东大学学报（哲学社会科学版），2012（2）：128-123.

③ 叶中华，张福顺. 中国城镇养老保险制度的覆盖率分析 [J]. 中国劳动关系学院学报，2013（3）：97-100.

④ 吴丽萍，宁满秀. 城镇职工基本养老保险覆盖率影响因素分析 [J]. 发展研究，2016（3）：89-95.

⑤ 吴永求. 中国养老保险发展评价及现实挑战 [M]. 北京：科学出版社，2016：36.

年份	参加养老保险人数（万人）	经济活动人口（万人）	覆盖率（%）
2013	32218.4	79300.0	40.63
2014	34124.4	79690.0	42.82
2015	35361.2	80091.0	44.15

资料来源：根据国家统计局年度数据整理而来。

养老金替代率反映个人退休前后收入的变化，是用于衡量养老保障水平的重要变量，也是影响基本养老保险政府责任定位的重要制度参数。制定合理的替代率水平对于政府责任定位具有重要的意义，如果水平过低，老年基本生活无法得到保障，也反映政府责任不足或缺失；如果水平过高，势必引起依赖福利的"懒汉"争议，导致财政负担过重，因而养老金保障水平要维持一个合适的度。由于基本养老保险具有刚性发展的特征，国内学者邓大松（2007）认为养老保障水平对于经济水平的变化缺乏弹性，表现出的较强的刚性来自两个方面：一方面是从社会心理学角度，人们普遍把养老保障看作是自己的社会基本权利，消减给付待遇等于消减部分社会权利，在民主意识较强的国家很难办到；另一方面是人们把养老保险给付看作是自己的劳动成果，减少劳动成果必然引起人们的强烈反对，甚至导致游行、罢工等社会骚动。因而，养老保险给付总量连年递增，呈现出"滚雪球"式增长趋势。[1]范广军（2009）[2]、朱旭（2011）[3]分别从不同角度印证上述观点并分析其成因。郑功成（2013）认为之所以形成"养老金水平越高—人们期望越高—不满意越高"的怪圈，

---

[1] 邓大松. 社会保障理论与实践发展研究 [M]. 北京：人民出版社，2007：137.

[2] 范广军. 社会保障的刚性发展特征在中国的变异及其原因分析 [J]. 河南社会科学，2009（6）：114.

[3] 朱旭. 社会保障水平刚性成因研究 [J]. 管理学家，2011（10）：48.

是由于人们期望养老金继续提高并解决老年生活的所有问题，从而造成现阶段中国基本养老保险制度承担着超越自身功能的负荷，保障水平持续地刚性增长，使政府陷入日益被动的局面。[1] 自 2005 年以来，离退休人员养老金经历十二连增，2014 年离退休人员月平均养老金达到 2050 元，比上年增加 194 元，增长 10.5%；从 2014 年 7 月 1 日起，全国城乡居民基本养老保险基础养老金最低标准由每月的 55 元提高至 70 元，平均待遇水平达到 89.9 元 / 月，比上年增加 7.9 元。[2] 由于国民对于养老金待遇的刚性需求，所以他们还在期盼着养老金继续提高，迫切要求政府能为年老后的生活提供更高的保障水平。

根据 2015 年 OECD 发布的报告，在 OECD 成员国中公共养老金替代率超过 50% 的仅有 9 个国家，从高到低依次为：西班牙（82.1%）、奥地利（78.1%）、卢森堡（76.8%）、土耳其（75.7%）、葡萄牙（73.8%）、意大利（69.5%）、匈牙利（58.7%）、芬兰（55.8%）、法国（55.4%），另外 15 个成员国的公共养老金替代率为 30% ~ 50%。[3] 中国自 1997 年建立统一企业职工养老保险，将基本养老保险的目标替代率设为 58.5%，按照国际劳工组织《社会保障最低标准公约》规定，养老金的最低替代率为 55%。然而，在 2016 年 2 月中国养老金融 50 人论坛的《重构我国养老金体系的战略思考》中指出：基本养老保险在制度建立之初替代率维持在 70% 左右，2000 年以后持续下降至 2014 年的 45% 左右，[4] 详见

---

① 郑功成. 深化中国养老保险制度改革顶层设计 [J]. 教学与研究，2013（12）：13.

② 郑功成. 中国社会保障发展报告 2016[M]. 北京：人民出版社，2016：89.

③ 吕惠娟，刘士宁. 我国养老保险制度的替代率问题研究——基于 OECD 国家的比较分析 [J]. 当代经济，2016（22）：88.

④ 董克用. 国外三支柱演进及对我国启示 [C] 中国养老金融 50 人论坛，2016（6）.

表4-15。

表4-15 2005～2015年中国养老金替代率

年份	城镇单位在岗职工平均工资（元／月）	企业退休人员人均养老金（元／月）	养老金替代率（％）
2005	1530	713	46.6
2006	1750	826	47.2
2007	2078	941	45.3
2008	2436	1109	45.5
2009	2728	1235	45.3
2010	3096	1369	44.2
2011	3538	1517	42.9
2012	3966	1741	43.9
2013	4366	1914	43.8
2014	4780	2100	43.9
2015	5270	2327	44.1

资料来源：部分数据来自城镇单位在岗职工平均工资根据《2016年中国统计年鉴》的数据计算，2005～2011年企业退休人员人均养老金数据来自《全国社会保障资金审计结果》。养老金替代率＝企业退休人员人均养老金／城镇单位在岗职工平均工资。

制度赡养率是参保的离退休人员人数占参保职工人数的比例，是衡量养老保险制度负担系数的有效指标。国外学者贝尔杜戈和理查德（2006）[1]、马斯科卡和马格达莱纳（2012）[2]从经济学角度对制度赡养率展开研究。国外学者针对影响政府责任定位的研究较少。国内学者穆

---

[1] Verdugo, Richard. Workers, Workers' Productivity and the Dependency Ratio in Germany: Analysis with Implications for Social Policy[J]. Population Research and Policy Review, 2006(25): 547.

[2] Muszyska, Magdalena M, Rau, Roland. The Old-Age Healthy Dependency Ratio in Europe[J]. Journal of Population Ageing, 2012(9): 151-162.

怀中（2001）[1]、孟庆平（2007）[2]、蒋筱江（2009）[3]开始关注制度赡养率这一因素。路锦非（2016）从制度赡养率变动角度研究缴费率的变化，构建两个相互印证的模型，得出降低中国基本养老保险缴费率的量化结论。[4]韩烨和韩俊江（2013）引入制度赡养率的概念以明确养老保险基金运营过程中遭遇的挑战，认为政府需要加大养老保险事业投入的力度。[5]部分学者认为，如果制度赡养率呈上升趋势，说明该国家或地区制度负担过重，同时也会加重政府责任；相反，如果制度赡养率呈下降趋势，说明新加入的劳动力相对年轻化，短期内有利于养老金基金的收支平衡，减轻财政负担。如表4-16所示，每年离退休人员的增长速度超出在职职工，2015年制度赡养率为34.87%，说明每100名在职职工要负担35名离退休人员，抚养系数为2.86∶1。

表4-16　2005～2015年中国基本养老保险制度赡养率

年份	在职职工参保人数（万人）	离退人员参保人数（万人）	制度赡养率（%）
2005	13120.4	4367.5	33.29
2006	14130.9	4635.4	32.80
2007	15183.2	4953.7	32.63
2008	16587.5	5303.6	31.97
2009	17743.0	5806.9	32.73
2010	19402.3	6305.0	32.50

① 穆怀中. 老年社会保障负担系数研究 [J]. 人口研究, 2001 (7)：15-17.

② 孟庆平. 人口老龄化与中国养老保险制度改革 [J]. 山东财政学院学报, 2007 (3)：25-28.

③ 蒋筱江, 王辉. 养老保险基金收支平衡的影响因素分析 [J]. 开发研究, 2009 (2)：27-29.

④ 路锦非. 合理降低我国城镇职工基本养老保险缴费率的研究——基于制度赡养率的测算 [J]. 公共管理学报, 2016 (1)：128-140.

⑤ 韩烨, 韩俊江. 从制度赡养率看我国养老保险基金发展面临的挑战 [J]. 经济纵横, 2013 (5)：86-90.

年份	在职职工参保人数（万人）	离退人员参保人数（万人）	制度赡养率（%）
2011	21565.0	6826.2	31.65
2012	22981.1	7445.7	32.40
2013	24177.3	8041.0	33.26
2014	25531.0	8593.4	33.66
2015	26219.2	9141.9	34.87

资料来源：根据国家统计局年度数据整理而来。制度赡养率＝离退人员参保人数／在职职工参保人数。

如图4-5所示，中国2/3的地区制度赡养率高于全国平均水平，且各地区间差异较大，沿海或经济发达地区如浙江、江苏、北京等地区制度赡养率较低，这些地区由于经济发展较快成为劳动力迁移流入地，大量年轻的外来务工人员降低了制度赡养率；而重工业地区或经济欠发达地区如东北老工业基地、广西、四川等地区制度赡养率较高，这些地区成为劳动力流动迁出地，大量劳动年龄人口的流失抬高了制度赡养率。这种情况造成发达地区养老负担轻，待遇水平高，而欠发达地区养老负担重，待遇水平低的格局。

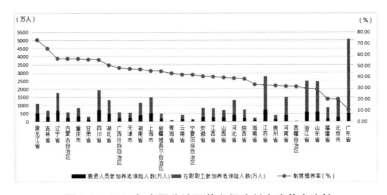

图4-5　2015年全国分地区养老保险制度赡养率比较

资料来源：根据2016年《中国统计年鉴》计算而来，制度赡养率由高向低排序。

结合上述研究成果，本书拟选择以下变量作为制度环境对基本养老保险政府责任定位的主要影响因子：①制度覆盖率（％）；②养老金替代率（％）；③制度赡养率（％）（详见表4-17）。

表4-17　已有研究关于制度环境对基本养老保险政府责任定位的影响因子

变量选取	参考来源
制度覆盖面（％）	奥尔茨曼（2001），帕卡德（2001），安德鲁（2004），拉斐尔和莱昂纳多（2006）郑秉文（2012），康书隆（2014），龙梦洁（2009），李升（2010），罗遐（2012），郑军和张海川（2012），叶中华和张福顺（2013），吴丽萍（2016）等
养老金替代率（％）	邓大松（2007），范广军（2009），涂山峰（2010），朱旭（2011），郑功成（2013）等
制度赡养率（％）	劳拉 B. 什雷斯塔（2000），贝尔杜戈和理查德（2006），芭芭拉因和安德烈斯（2009），马斯科卡和马格达莱纳（2012），穆怀中（2001），孟庆平（2007），刘洪银（2008），蒋筱江（2009），路锦非（2016），韩烨和韩俊江（2013）等

资料来源：根据已有相关文献整理而来。

第二节　基本养老保险政府责任定位影响因子的理论模型与方法

通过识别与提炼基本养老保险政府责任定位中的影响因子，选择科学的理论模型与实证方法，为基本养老保险政府责任定位影响因子实证研究提供工具基础。

一、变量选取与数据来源

1. 变量选取

基本养老保险涵盖三个责任主体，政府在基本养老保险中应该承担多大的责任、政府介入程度有多深才是本书关注的核心所在。通过国内外已有研究成果，归纳常用于衡量政府在基本养老保险中承担责任程度的三个指标：①养老金支出占 GDP 比重，常用于衡量养老金支出水平。国内外学者巴里恩托斯（1993）、阿库纳（2001）、丹米尔（2003）、周蕊（2006）、姜向群（2006）、李敏（2010）、苏宗敏（2015）等在研究中采用此指标衡量政府对于老年人福利的保障程度，但从该指标的构成来看，反映社会经济总量中用于养老金的份额，侧重于反映养老保险的相对规模，并不能衡量政府在养老保险中承担的责任程度。②财政养老保险支出占财政支出比重。国际上通常采用"财政社会保障支出比重"来衡量社会保障财政责任的程度，国内学者多以财政支出为依据来测量政府责任，林治芬和孙王军（2010）认为财政社会保障支出占财政支出的比值代表一个国家财政支出中社会保障支出的规模，是政府把控社会保障规模与责任的衡量指标。[1] 但是，该指标计算的口径较小，并不能完全说明政府责任的介入程度。③养老金支出占财政支出比重。国外学者乔治（2000）[2]、埃默森（2002）[3]、伊莱恩（2004）[4] 选取此指标用于分析政府在养老金制度中的责任介入程度。鉴于政府责任定位量化分析的复杂性，存在部分责任难以量化的困境，财政供给责任是政府责任构成要素中的核心要素，财政供给比重代表政府在基本养老保险中的责任分担状况，本书借鉴已有研究，根据国家统计局关于养老金支出的具体

① 林治芬，孙王军. 政府社会保障财政责任度量与比较 [J]. 财政研究，2012（2）：22.

② Bellettini, Giorgio. Social Security Expenditure and Economic Growth: An Empirical Assessment[J]. Research in Economics, 2000（3）：249-275.

③ Emmerson C. A. Note on the Tax Treatment of Private Pensions and Individual Savings Accounts[J]. Fiscal Studies, 2002(3):65-74.

④ Elaine Fultz. Pension Reform in the EU Accession Countries: Challenges. Achievements and Pitfalls[J]. International Social Security Review, 2004（2）:100.

解释，[①] 认为选择此变量较为合理。

因此，本书共选择 13 个样本量，以养老金支出占财政支出比重——基本养老保险政府责任定位（Y）为被解释变量或因变量，从经济发展、财政能力、人口结构、制度环境识别提炼出 12 个因子构成解释变量或自变量，详见表 4–18。

表4–18 中国基本养老保险政府责任定位影响因子的变量选取

类型	序列	选取的变量	变量说明
被解释变量	Y	养老金支出占财政支出比重（%）	
解释变量	X_1	人均国内生产总值（元）	衡量经济发展水平
	X_2	GDP 增长率（%）	反映经济发展速度
	X_3	城乡居民收入差距（元）	反映城乡收入差距
	X_4	财政收入占 GDP 比重（%）	衡量财政收入能力
	X_5	人均财政补贴（元）	衡量财政补贴状况
	X_6	养老保险财政补贴占财政收入比重（%）	反映养老保险基金对财政补贴的依附程度
	X_7	65 岁以上人口所占比重（%）	衡量人口老龄化
	X_8	0～14 岁人口所占比重（%）	反映人口少子化
	X_9	城镇化率（%）	反映人口流动状况
	X_{10}	制度覆盖率（%）	衡量制度覆盖范围
	X_{11}	养老金替代率（%）	反映养老金保障水平
	X_{12}	制度赡养率（%）	衡量制度内负担水平

2. 数据来源

为了使影响因子的实证分析更具说服力，本书选取数据主要来源或

[①] 资料来源：国家统计局网站，养老金支出是按照国家政策规定的开支范围和开支标准从养老保险基金中支付给参加基本养老保险的个人的养老金、丧葬抚恤补助，以及由于保险关系转移、上下级之间调剂资金等原因而发生的支出，包括离休金、退休金、退职金、各种补贴、死亡丧葬补助费、抚恤救济费、社会保险经办机构管理费、补助下级支出、转移支出、其他支出等。

间接计算于《中国统计年鉴》、《中国财政年鉴》、《中国劳动和社会保障年鉴》、《中华人民共和国国民经济和社会发展统计公报》、《国际统计年鉴》、2005～2007年《劳动和社会保障事业发展统计公报》、2008～2015年《人力资源和社会保障事业发展公报》以及国家统计局年度统计数据等官方数据。关于数据的时间维度选择：2005年国务院颁布《关于完善城镇企业职工养老保险制度的决定》标志着中国企业职工养老保险制度改革逐步完善，此后开始探索建立新型农村养老保险制度。本书选取2005～2015年的数据进行分析，一方面有助于突破获取数据的难题，另一方面有助于对现阶段中国基本养老保险政府责任定位环境的整体把握，被解释变量和解释变量的原始数据详见表4-19。

表4-19　中国基本养老保险政府责任定位影响因子的原始数据矩阵

年份	Y（%）	X_1（元）	X_2（%）	X_3（元）	X_4（%）	X_5（元）
2005	11.91	14368	15.74	7238.0	16.89	1490.56
2006	12.11	16738	17.15	8172.5	17.66	2094.75
2007	11.98	20505	22.51	9645.4	18.99	2335.63
2008	11.81	24121	17.63	11020.2	19.19	2709.48
2009	11.66	26222	8.71	12021.5	19.63	2834.56
2010	11.74	30876	17.75	13190.4	20.12	3460.75
2011	11.68	36403	17.90	14832.5	21.23	4337.70
2012	12.36	40007	9.90	16648.1	21.70	5215.09
2013	13.17	43852	9.61	18059.2	21.71	5515.48
2014	14.33	47203	7.64	19489.0	21.80	6041.85
2015	14.68	50251	5.91	21018.3	22.10	7515.94

续表

年份	X₆（%）	X₇（%）	X₈（%）	X₉（%）	X₁₀（%）	X₁₁（%）	X₁₂（%）
2005	2.06	7.70	20.30	43.00	22.97	46.60	33.29
2006	2.51	7.93	19.75	44.30	24.59	47.20	32.80
2007	2.25	8.05	19.42	45.70	26.31	45.30	32.63
2008	2.34	8.25	18.95	46.90	28.41	45.50	31.97
2009	2.40	8.47	18.48	48.30	30.38	45.30	32.73
2010	2.63	8.87	16.60	49.90	32.79	44.20	32.5
2011	2.85	9.12	16.45	51.20	36.13	42.90	31.65
2012	3.31	9.39	16.46	52.60	38.57	43.90	32.40
2013	3.43	9.67	16.41	53.70	40.63	43.80	33.26
2014	3.70	10.06	16.49	54.80	42.82	43.90	33.66
2015	4.51	10.47	16.52	56.10	44.15	44.10	34.87

二、影响因子的理论模型

由于各影响因子单位不统一，如果用简单线性回归模型，得出的回归系数值差异较大，不具有可比性，无法深入分析各影响因子对基本养老保险政府责任定位的促进或制约作用，因而，本书采用以下对数线性模型：

$$\ln Y = \beta_0 + \sum_{j=1}^{12} \beta_j \cdot \ln X_j + \varepsilon$$

其中，回归系数 β_0 是常数项，β_j（$j=1,2,\cdots,12$）即为因素 X_j（$j=1,2,\cdots,12$）对基本养老保险政府责任定位 X_0 的弹性系数，ε 为随机误差项，表示模型未能考虑其他随机因素的影响。如表4-20所示，原始数据经过对数转换后更为平滑，消除回归变量不同单位的影响，使得各影响因子对基本养老保险政府责任定位的作用具有可比性。

表4-20　中国基本养老保险政府责任定位影响因子的数据对数转换后矩阵

年份	LnY	LnX$_1$	LnX$_2$	LnX$_3$	LnX$_4$	LnX$_5$
2005	2.477	9.573	2.756	8.887	2.827	7.307
2006	2.494	9.725	2.842	9.009	2.871	7.647
2007	2.483	9.928	3.114	9.174	2.944	7.756
2008	2.469	10.091	2.870	9.307	2.954	7.905
2009	2.456	10.174	2.164	9.394	2.977	7.950
2010	2.463	10.338	2.876	9.487	3.002	8.149
2011	2.458	10.502	2.885	9.605	3.055	8.375
2012	2.514	10.597	2.293	9.720	3.077	8.559
2013	2.578	10.689	2.263	9.801	3.078	8.212
2014	2.662	10.762	2.033	9.878	3.082	8.600
2015	2.686	10.820	1.777	9.953	3.096	8.925

年份	LnX$_6$	LnX$_7$	LnX$_8$	LnX$_9$	LnX$_{10}$	LnX$_{11}$	LnX$_{12}$
2005	0.723	2.041	3.011	3.761	3.134	3.842	3.505
2006	0.920	2.071	2.983	3.791	3.202	3.854	3.490
2007	0.811	2.086	2.966	3.822	3.270	3.813	3.485
2008	0.850	2.110	2.942	3.848	3.347	3.818	3.465
2009	0.875	2.137	2.917	3.877	3.414	3.813	3.488
2010	0.967	2.183	2.809	3.910	3.490	3.789	3.481
2011	1.047	2.210	2.800	3.936	3.587	3.759	3.455
2012	1.197	2.240	2.801	3.963	3.652	3.782	3.478
2013	0.829	2.269	2.798	3.983	3.705	3.780	3.504
2014	1.203	2.309	2.803	4.004	3.757	3.782	3.516
2015	1.506	2.349	2.805	4.027	3.788	3.786	3.552

三、主成分分析法

在科学研究中，为了反映问题的全面性，需要收集多个观测变量的数据，然而多个观测变量之间可能存在相关性，即存在多重共线性问题，为问题的分析带来麻烦。主成分分析法是一种因子求解方法，通过寻找一些数量较少的主成分来代替原来较多的变量，起到降维的作用，适用于解决多变量的综合评价问题。[1] 基于主成分分析法自身的特点，相应求出各主成分对原来信息的反映程度，用这个反映程度作为权数对事物进行综合评价，有助于解决主观赋权的问题，更具客观性与科学性。

本书为了解决影响因子的多重共线性问题，运用 SPSS Statitsics 21.0 软件采用主成分分析法，分析诸因子对中国基本养老保险政府责任定位的影响程度，其步骤如下：第一步，将原始数据标准化，消除量纲方面的影响，得出标准化数据矩阵；第二步，由标准化数据矩阵计算相关系数矩阵，得出相关系数矩阵的特征值及特征向量；第三步，根据特征值 >1，方差贡献率 >5% 以及总方差贡献率 ≥ 58% 的原则，提取主成分；第四步，计算初始因子载荷矩阵；第五步，对初始因子载荷矩阵进行旋转；第六步，计算各主成分得分，根据各因子的得分情况确定分析结果。

---

[1] 吴明隆. 问卷统计分析实务：SPSS 操作与应用 [M]. 重庆：重庆大学出版社，2010：163.

第三节　中国基本养老保险政府责任定位的
影响因子实证分析

根据中国基本养老保险政府责任定位影响因子的理论模型，结合主成分分析法，对变量进行适合性检验与参数估计，对实证结果加以深入分析。

一、变量检测

在运用 SPSS Statitsics 21.0 软件对 InX_1，InX_2，…，InX_{12} 进行因子分析前，先对自变量进行 KMO 与 Bartlett 球形检验，判断因子分析是否适合所选取变量的组合。检验出的 KMO 值越大，表明所选取变量之间的共同点越多，比较适合进行因子分析，一般来说，判断是否适合因子分析的 KMO 临界值是 0.7。如表 4-21 所示，KMO 与 Bartlett 球形检验结果为：KMO 检验值为 0.852，超过临界值 0.7，说明达到进行因子分析的要求；Bartlett 球形检验的卡方统计值为 332.693，自由度 65 下的显著性水平为 0.000，说明达到显著水平，两项检验结果均表示适合进行因子分析。

表4-21　KMO与Bartlett球形检验

KMO 检验值		0.852
Bartlett 球形检验	卡方统计值	332.693
	自由度	65
	显著性水平	0.000

资料来源：根据 SPSS 统计分析结果而来。

二、参数估计

通过上述相关检验，运用 SPSS Statitsics21.0 软件用主成分分析法提取出中国基本养老保险政府责任定位的影响因子，并求得旋转后的因子方差贡献率，详见表4-22。

表4-22　特征根与因子方差贡献率

成分	初始特征值			提取平方和载入		
	合计	方差的 %	累积 %	合计	方差的 %	累积 %
1	9.763	81.358	81.358	9.763	81.358	81.358
2	1.533	12.774	94.132	1.533	12.774	94.132
3	0.379	3.157	97.289			
4	0.192	1.597	98.886			
5	0.063	0.523	99.502			
6	0.054	0.450	99.859			
7	0.035	0.210	99.929			
8	0.028	0.149	99.959			
9	0.013	0.093	99.985			
10	0.007	0.051	99.995			
11	0.005	0.029	99.998			
12	0.000	0.002	100.000			

提取方法：主成分分析法。

如表 4-22 所示，根据特征值 >1，方差贡献率 >5% 以及总方差贡献率 ≥ 58% 的原则，特征根 >1 的有两个，对原数据的方差贡献率达到 94.132%，说明对被解释变量的解释较好。第一个因子解释原数据 81.358% 的信息，第二个因子则解释原数据 12.774% 的信息，如图 4-6 所示，前两个成分的特征值曲线坡度极陡，从第三个成分开始，特征值曲线变得平缓并趋于平行，表明应提取两个主成分，令第一主成分为 F_1，第二主成分为 F_2。

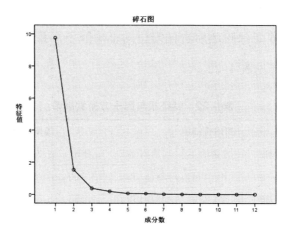

图4-6　主成分提取碎石图

资料来源：根据 SPSS 统计分析结果而来。

为了解释各因子的含义，计算旋转后的因子负载矩阵，结果详见表4-23。旋转后的因子 F_1 在变量 X_1、X_2、X_3、X_4、X_5、X_6、X_9、X_{11} 上有较大的负载，这一因子解释总体信息的 81.358%，在这些解释变量中，以 X_4（财政收入占 GDP 比重）的负载最大，X_5（人均财政补贴）的负载次之，X_1（人均国内生产总值）、X_3（城乡居民收入差距）、X_9（城镇化率）、X_{11}（养老金替代率）均在 0.9 以上，X_2（GDP 增长率）、X_6（财政补贴占财政收入比重）负载较高。第一因子 F_1 的信息表明，增强财政保障能力、加大财政补贴力度是中国基本养老保险政府责任定位的当务之急，促进国民经济发展、提高城镇化水平、提高养老金保障水平、缩小城乡差距是中国基本养老保险政府责任定位的基本要求。虽然增强财政保障能力是促进中国基本养老保险政府责任定位的重要策略，还需要考虑与经济发展速度以及财政支付压力相适应。第二因子 F_2 在 X_7、X_8、X_{10}、X_{12} 上的负载较大,说明 F_2 主要反映 65 岁以上人口所占比重、$0 \sim 14$ 岁以上人口所占比重、制度覆盖率、制度赡养率等影响,解释总体信息的 12.774%,第二因子 F_2 的信息表明,缓解人口老龄化与制度内老龄化、扩大制度覆盖面对于中国基本养老保险政府责任定位具有着重要的现实意义。为了分析各因子对中国基本养老保险政府责任定位的弹性大小,求出各因子的得分系数,结果详见表4–24。

表4–23　旋转后的因子负载矩阵

	成分	
	F_1	F_2
X_1	0.989	0.023
X_2	0.751	−0.244
X_3	0.980	0.055
X_4	0.997	−0.208
X_5	0.991	0.017
X_6	0.815	−0.280
X_7	−0.969	0.560
X_8	−0.929	0.426
X_9	0.974	−0.031
X_{10}	−0.795	0.248
X_{11}	0.942	−0.484
X_{12}	−0.409	0.365

资料来源:根据 SPSS 统计分析结果整理而成。

表4–24　因子得分系数矩阵

	成分	
	F_1	F_2
X_1	0.101	0.074
X_2	−0.077	−0.355

	成分	
	F_1	F_2
X_3	0.102	−0.036
X_4	0.099	−0.136
X_5	0.100	−0.011
X_6	0.083	0.183
X_7	0.100	0.104
X_8	−0.095	0.193
X_9	0.102	−0.020
X_{10}	0.102	−0.031
X_{11}	−0.086	0.316
X_{12}	0.042	0.564

资料来源：根据 SPSS 统计分析结果整理而成。

两个主成分得分表示为：

$$F_1=0.101\ln X_1^*-0.077\ln X_2^*+\cdots+0.042\ln X_{12}^*$$

$$F_2=0.074\ln X_1^*-0.355\ln X_2^*-\cdots+0.564\ln X_{12}^*$$

根据 F_1 和 F_2 的值，用 Eviews 6.0 得到如下结果：

$$\ln Y=3.6150+0.1835F_1-0.0128F_2$$

$$t \quad （935.1609） \quad （45.4735） \quad （-2.8512）$$

$$P \quad （0.0000） \quad （0.0000） \quad （0.0187）$$

$R^2=0.9958$　adjust-$R^2=0.9948$　F-statsitc=952.0628　DW =1.7211

查询 DW 分布表，在 5% 的显著性水平下，$d_L=0.859$，$d_u=1.672$，$d_u<DW<4-d_L$，则无自相关，此结果较为理想，说明所有计量经济学检验可以通过。

将 F_1 和 F_2 代入上述回归结果还原为：

$$\ln Y = \beta_0 + \sum_{j=1}^{12} \beta_j \cdot \ln X_j + \varepsilon, (j=1,2,\cdots,12)$$

最终计算出基本养老保险政府责任定位影响因子的弹性估计值，见表4-25。

三、实证结果分析

根据上述回归结果，如表4-25所示，解释变量对中国基本养老保险政府责任定位的弹性系数的绝对值大小排序为：

$$|\beta_4| > |\beta_5| > |\beta_1| > |\beta_{11}| > |\beta_6| > |\beta_2| > |\beta_3| > |\beta_7| > |\beta_{12}| > |\beta_9| > |\beta_{10}| > |\beta_8|$$

从解释变量的作用强度来看，财政收入占GDP比重（X_4）>人均财政补贴（X_5）>人均国内生产总值（X_1）>养老金替代率（X_{11}）>财政补贴占财政收入比重（X_6）>GDP增长率（X_2）>城乡收入差距（X_3）>65岁以上人口所占比重（X_7）>制度赡养率（X_{12}）>城镇化率（X_9）>制度覆盖率（X_{10}）>0~14岁以上人口所占比重（X_8）。从解释变量的作用方向来看，城乡收入差距（X_3）、养老保险财政补贴占财政收入比重（X_6）、制度赡养率（X_{12}）对中国基本养老保险政府责任定位的影响为负方向。

表4-25　中国基本养老保险政府责任定位各影响因子的弹性值估计

回归系数	β_0	β_1	β_2	β_3	β_4	β_5	β_6
估计值	3.0635	0.0401	0.0209	-0.0158	0.0545	0.0523	-0.0255
$|\beta_i|$排序		3	6	7	1	2	5
回归系数	β_7	β_8	β_9	β_{10}	β_{11}	β_{12}	
估计值	0.0084	0.0028	0.0053	0.0037	0.0329	-0.0068	
$|\beta_i|$排序	8	12	10	11	4	9	

实证分析的主要结果如下：①经济稳定发展与增强财政保障能力是中国基本养老保险政府责任定位的重要条件与保障，通过财政收入占

GDP 比重、人均财政补贴、人均国内生产总值、GDP 增长率、养老金替代率等变量与基本养老保险政府责任定位的最大或较大正向弹性系数得以体现。②缓解人口老龄化、提高城镇化水平、扩大制度覆盖面对于中国基本养老保险政府责任定位具有重要的促进意义，通过 65 岁以上人口所占比重、0 ～ 14 岁以上人口所占比重、城镇化率、制度覆盖率等变量与基本养老保险政府责任定位的较小正向弹性系数得以体现。③制度内赡养比过高、财政补贴压力过重、城乡收入差距过大等已经成为制约中国基本养老保险政府责任定位的重要屏障，这通过制度赡养率、养老保险财政补贴占财政收入比重、城乡居民收入差距等变量与基本养老保险政府责任定位的最大或较大负向弹性系数得以体现；而在其余正向作用的变量中，GDP 增长率、养老金替代率、65 岁以上人口所占比重、城镇化率也在一定程度上制约中国基本养老保险政府责任定位。

通过对上述实证结果的深入分析可以发现：

（1）经济持续稳定发展是中国基本养老保险政府责任定位的基础条件。从因子分析结果来看（见表 4-25），人均国内生产总值对中国基本养老保险政府责任定位的弹性系数为 0.0401，因子负载矩阵系数也显示（见表 4-23），人均国内生产总值属于第一主因子中的解释变量，负载系数高达 0.989，其实证结果与预期一致，说明经济发展是中国基本养老保险政府责任定位的的重要源泉。由于中国经济增速"换挡"回落，GDP 增长率属于第一主因子中的解释变量，且负载系数为 0.751，说明虽然中国基本养老保险政府责任定位与 GDP 增长率这一变量具有内在的关联性，但这一因子的弹性系数为 0.0209，在弹性系数排序中仅居于第 6 位，说明当前中国经济从高速增长的两位数下移至"七上八下"的常态模式，从前文预测分析得出 2018 ~ 2050 年财政收入增速与 GDP 增速基本保持一致，呈现出逐步放缓的趋势，基本养老保险制度强有力的后盾被削弱。与此同时，经济新常态涉及经济结构的调整与社会的转型，需要政府重新定位基本养老保险中的责任，再次表明进一步夯实经济发展基础，保持国民经济持续稳定发展是中国基本养老保险政府责任定位基础性的支撑条件。

需要特别指出的是，表 4-25 中的因子分析结果显示，城乡居民收入差距对中国基本养老保险政府责任定位的弹性系数为 -0.0158，因子负载矩阵系数也显示（见表 4-23）城乡居民收入差距属于第一主因子中的解释变量，负载系数为 0.980，说明城乡居民收入差距成为制约中国基本养老保险政府责任定位的因子之一。其主要原因是城乡收入差距致使中国基本养老保险制度内出现城乡二元化，表现为：一是由于中国农村居民收入偏低，不具备与城镇职工一样的缴费能力，这也是当前基本养老保险制度中形成以城镇职工与城乡居民为身份的两种不同类型的基本养老保险制度的主要原因，政府对两种制度设计的资金来源、缴费办法、缴费形式、领取条件等设计存在较大差异。二是城乡居民养老保险制度共设计 12 个缴费档次，参保者可根据经济状况自主选择档次缴费，农村居民由于收入偏低倾向于选择较低的缴费档次，拉大了城乡居民与城镇职工的养老待遇差距。城乡居民收入差距不仅固化制度内的城乡二元结构，也导致政府在基本养老保险中的制度设计责任、财政供给责任、组织实施责任、监督管理责任呈现"重城市、轻农村"的城乡二元化差异，加剧了城乡之间差距与收入分配不均等问题，制约政府在中国城乡一体化养老保险制度建设目标中的责任定位，政府应建立国民年金制度来逐步消除制度内的城乡差距。

（2）财政保障能力增强是中国基本养老保险政府责任定位的必要前提。从因子分析结果来看（见表4-25），财政收入占GDP比重对中国基本养老保险政府责任定位的弹性系数为0.0545，列居第1位；人均财政补贴对中国基本养老保险政府责任定位的弹性系数为0.0523，列居第2位。这表明这两个变量对中国基本养老保险政府责任定位具有显著正向影响作用，从因子负载矩阵系数（见表4-23）中可以印证这一实证结果，旋转后的因子F_1解释总体信息的81.358%，而在这些解释变量中，以X_4（财政收入占GDP比重）和X_5（人均财政补贴）的负载系数最高，分别为0.997和0.991。第一因子F_1的信息表明，增强财政保障能力、加大财政补贴力度是中国基本养老保险政府责任定位的当务之急，这与前文分析结果一致。虽然增强财政保障能力是中国基本养老保险政府责任定位的重要策略，但是也需要考虑与经济发展速度、财政支付压力相适应，这一实证结果印证了前文的观点，养老保险财政补贴占财政收入比重这个变量对中国基本养老保险政府责任定位的弹性系数为−0.0255，表4-23因子负载矩阵系数也显示，养老保险财政补贴占财政收入比重属于第一主因子中的解释变量，负载系数为0.815，养老保险财政补贴占财政收入比重反映基本养老保险基金对财政补贴的依附程度，说明财政补贴压力过大是中国基本养老保险政府责任定位的制约因子。

养老金替代率变量恰好印证了这个观点，表4-25中的因子分析结果显示，弹性系数为0.0329，列居第4位，因子负载矩阵系数也显示（见表4-23），养老金替代率属于第一主因子中的解释变量，负载系数为0.942，说明养老金替代率与财政保障能力具有内在的关联性。养老金替代率是衡量养老保障水平高低的变量，由于养老保险具有福利刚性的特征，国民对于养老金待遇的刚性需求，迫切要求政府能为其年老后的生活提供相应的保障水平。但是，随着经济发展进入新常态，财政用于基本养老保险的补贴必定受到限制，中国基本养老保险财政支持率从 2012 年的 23.55% 逐渐降低至 2015 年的 21.77%，[①]进一步说明当前中国财政保障能力不足与国民福利刚性需求已经成为现实矛盾。其原因是政府设计养老保险体系结构不合理，过度倚重作为第一支柱的基本养老保险，第二支柱与第三支柱尚未真正建立，退休人员将养老待遇完全寄托于基本养老保险制度，财政将面临巨大压力。因此，政府应构建多支柱养老保险制度，并根据经济发展与财政收入状况，制定合意的养老金替代率，防止基本养老保险制度过度依赖财政补贴。

（3）缓解人口老龄化是中国基本养老保险政府责任定位的关键环节。从因子分析结果来看（见表 4-25），65 岁以上人口所占比重、0 ~ 14 岁以上人口所占比重对基本养老保险政府责任定位的弹性系数分别为 0.0084 和 0.0028，分别列居第 8 位和第 12 位。这一实证结果可以从表 4-23 因子负载矩阵系数的数据得到验证，第二因子 F_2 在 X_7、X_8、X_{10}、X_{12} 上的负载较大，且这一因子解释总体信息的 12.774%，而在这些解释变量中，65 岁以上人口所占比重、0 ~ 14 岁人口所占比重负载系数分别为 0.560 和 0.426，这两个因子是解释人口结构因素的变量，说明人口结构因素，尤其是人口老龄化对基本养老保险政府责任定位具有显著影响作用，这与已有研究成果以及本书预期的相一致。

---

① 资料来源：2016 年《国家统计年鉴》、《中国社会保障发展报告 2016》。财政支持率＝财政对基本养老保险补贴／基本养老保险支出。

需要特别指出，制度赡养率变量也能印证这一结果，从表4-25因子分析结果来看，制度赡养率对中国基本养老保险政府责任定位的弹性系数为-0.0068，这说明制度赡养率是中国基养老保险政府责任定位中的制约因子。制度赡养率作为衡量制度内负担水平的因子，在职职工负担系数越小，说明制度内抚养比越高，制度内负担压力越重，形成制度内"老龄化"。通过前文预测分析中国2050年65岁以上老年人口将达到4.35亿人，占总人口比重的31.87%，老年人口抚养比将达到65.41%，意味着未来中国日益加剧的人口老龄化，使得制度内离退休人平均预期寿命延长，享受养老金待遇人数与时间大幅度增加与延长，在职职工参保人数持续下降，制度内供给能力降低，加重财政压力。此外，中国经济发达地区因劳动队伍的年轻化，制度内供给能力强，出现缴费低且基金大量结余的现象；而经济欠发达地区以及东北老工业基地的退休人员多，年轻劳动力外出多，造成缴费率较高并出现收不抵支的财政危机，这种"马太效应"局面阻碍政府推行基本养老保险全国统筹的步伐。

通过65岁以上人口所占人口比重、0～14岁人口所占比重、制度赡养率等变量足以说明当前中国"少子化"和"老龄化"并存的人口结构特征，造成制度内赡养比过高成为制约中国基本养老保险政府责任定位的重要因子。进一步表明未来中国国民对养老保障的需求日益增加，立足于构建责任型与服务型政府背景下，政府需要加强在基本养老保险中的责任，减轻制度内的养老负担，在履行制度设计、财政供给、组织实施与监督管理责任的同时，切实考虑到老年群体的养老需求。但是，随着制度内负担持续加重，统筹账户基金缺口越大，巨额的转制成本难以得到解决，个人账户长期处于空账运行状态，"统账结合"模式形同虚设，这种压力导致基本养老保险制度的责任主体之间相互转嫁责任，说明仅凭单一责任主体难以应对，政府、企业与个人多元供给主体必须相互合作。因而，中国基本养老保险制度政府责任定位也要遵循适度性原则，尤其在财政供给责任方面，政府承担的是有限的责任，这种有限性需要通过明确政府作为责任主体的供给比重，主动承担历史责任，促进财政供给责任的制度化。此外，政府还可以适当地调整生育政策与延迟退休年龄政策，在党的十八届五中全会通过的"十三五"规划建议中关于全面放开二孩的决定指导下，补充"鼓励生育"政策，减缓或降低人口老龄化的趋势，逐年延长退休年龄，增强制度供给能力，缓解养老金财政支付压力。

（4）合理的制度安排是中国基本养老保险政府责任定位的重要保障。表 4-23 中因子负载矩阵系数显示，制度覆盖率与制度赡养率属于第二主因子中的解释变量，负载系数分别为 0.248 和 0.365，它们代表制度环境的变量，说明合理的制度安排是促进中国基本养老保险政府责任定位的重要保障。但从因子分析结果来看（见表 4-25），制度覆盖率对中国基本养老保险政府责任定位的弹性系数为 0.0037，说明制度覆盖面扩大对中国基本养老保险政府责任定位具有正向促进作用，这与本书预期一致。从城镇化率变量中也能印证这个观点，表 4-25 中因子分析结果显示，弹性系数为 0.0037，在影响因素的弹性系数排序中排在倒数第 2 位，因子负载矩阵系数（见表 4-23）也显示，城镇化率属于第一主因子中的解释变量，负载系数为 0.974。形成上述悖论的重要原因是：该因子作为反映农村人口向城镇人口流动状态的变量，说明大规模人口流向城市虽然使得城镇人口比例年轻化，大量资金流向城镇养老保险基金，同时也衍生出失地农民、农民工等新就业形式的群体，传统的城乡二元结构逐步演变为"城乡＋流动人口"新的社会结构。中国人口流动呈现规模巨大、异地城镇化比重高、空间分布不均衡等特点，[①]流动人口的收入水平偏低，工作不固定，常伴有用人单位不办理参保或出现"退保"的现象，这就要求政府应强化组织实施责任，养老保险经办机构需要转变服务理念，提高经办服务能力，在积极开展扩面工作的同时，加强对用人单位参保情况的监督力度，妥善解决养老保险转移接续的问题，关切流动人口的养老保险权益来提升制度的公平性。

第四节　本章小结

基本养老保险政府责任定位是一个复杂而多维的过程，诸多影响因子相互交织着通过不同的机理对其产生复杂的影响。本章梳理已有研究成果中的重要观点，以理论基础与现实问题作为识别依据，遵循科学性、综合性、可操作性的识别原则，从经济发展、财政能力、人口结构、制度环境识别与提炼基本养老保险政府责任定位的影响因子。通过构建影响因子的理论模型，采用主成分分析法，运用 SPSS Statitsics 21.0 和 Eviews 6.0 软件，对中国基本养老保险政府责任定位的主要影响因子进行适合性检验、参数估计等计量研究，实证结果表明：一是经济稳定发展与增强财政保障能力是中国基本养老保险政府责任定位的重要条件与保障；二是缓解人口老龄化、提高城镇化水平、扩大制度覆盖面对于中国基本养老保险政府责任定位具有重要的促进意义；三是制度内赡养比过

[①]　程瑶. 健康城镇化背景下的流动人口发展趋势与对策 [J]. 经济地理，2012（4）：4.

高、财政补贴压力过重、城乡收入差距等已经成为制约中国基本养老保险政府责任定位的重要屏障。本章通过对中国基本养老保险政府责任定位影响因子的实证检测与判断，充分利用与规避基本养老保险政府责任定位的支持条件与制约因子，为找准中国基本养老保险政府责任定位提供科学的依据。

第五章　中国基本养老保险政府责任的
合理定位

"承认责任并不简单"[①]，"欲使责任有效，责任必须是明确且有限度的"。[②]根据奥斯特罗姆提出的设计原则："清晰界定边界是必要的……用来约束在重复境况下决策过程中的行为规则、规范和策略。"[③]中国基本养老保险制度若想实现良好的运行效果，必然离不开政府的作用，但政府并不是万能的，政府责任"边界必须予以明确规定"。[④]在考证现阶段的支持条件与制约因子基础上，本章从微观角度，力求科学、合理定位中国基本养老保险中的政府责任。

---

① 珍妮特·V.登哈特，罗伯特·B.登哈特.新公共服务：服务，而不是掌舵[M].丁煌，译.北京：人民大学出版社，2014：108.

② 哈耶克.自由秩序原理[M].上海：上海三联书店，1997：99.

③ Elinor Ostrom.Background on the Institutional Analysis and Development Framework [M].Policy Studies Journal,2011:1.

④ 埃莉诺·奥斯特罗姆.公共事务的治理之道——集体行动制度的演进[J].余逊达，译.上海：上海译文出版社，2012：108.

第一节　中国基本养老保险制度设计责任的合理定位

一、从碎片化到城乡一体化

历史实践与现实发展的事实证明，基本养老保险制度可谓是"碎片丛生"，政策规则"交叉缺位"，发展水平"城高乡低"，管理服务"各自为政"。①《中共中央关于全面深化改革若干重大问题的决定》明确指出："城乡二元结构是制约城乡一体化发展的主要障碍。"②前文实证分析结果得以印证，城乡居民收入差距导致基本养老保险制度内"城乡二元结构"是中国基本养老保险政府责任定位的制约因子。西方养老保险制度实践说明，法国"碎片化"制度是深刻的教训，多种退休制度并存引发群体攀比，近年来发生的社会骚乱、街头政治等大规模群体性事件，多数是由社保制度"碎片化"造成的。相较而言，美国在1935年建立的基本养老保险制度就是一个统一的制度安排，虽然低于法国养老金替代率，却一直保持稳定发展。上述经验教训对中国政府履行顶层设计责任尤其重要。

"顶层设计概念来源于系统工程学，是从全局视角出发，采用理念一致、结构统一、功能协调等系统论方法，对内部项目层次与要素进行

---

① 王晓东，雷晓康. 城乡统筹养老保险制度顶层设计：目标、结构与实现路径 [J]. 西北大学学报（哲学社会科学版），2015（9）：153.

② 周世军. 城乡二元体制藩篱为何难以打破——基于制度经济学的一个理论阐释 [J]. 理论月刊，2017（1）：157.

统筹考虑。"①顶层设计显然具有全局意识，基本养老保险制度设计必然需要政府具有全局性、战略性顶层设计理念与目标。本书认为公正是政府在基本养老保险顶层设计中始终秉持的理念。"政府应当坚持以正义、公正作为社会的目标，利用'时'与'势'的结合，找到支撑中国城乡二元结构变革的'阿基米德支点'。"②

基于公正的顶层设计理念，本书认为中央政府应当从顶层设计责任的缺位走向归位，减少地方政府的自主权，形成具有方向性、原则性、全局性的思路与框架设计城乡一体化的基本养老保险制度，解决制度的"碎片化"问题。"城乡一体化的核心是改变恶性的抽取型、隔离性的二元结构为良性的互助型、开放性的结构，将二元对立的城乡关系变为和谐共存的城乡关系。"③这也是本书设计城乡一体化基本养老保险制度的初衷，并不是机械的制度整合并轨，更不是推倒重来建立全民统一的制度安排，而是通过已有制度的增量改革，将分立的城镇职工与城乡居民二元的养老保险制度进行统筹整合与衔接贯通，从"两个制度、两个标准"转向"一个制度、两个标准"，逐步建立一种以普惠式国民养老金为基础，以差别性职业养老金为核心的制度模式。可分为两个层次：第一层次是强调政府责任的普惠式国民年金制度，吸取日本建立覆盖全民的国民年金的经验，打通现有城镇企业职工基本养老保险、机关事业单位养老保险、城乡居民基本养老保险制度中阻隔的部分，构建一个以

① 汪玉凯. 准确理解"顶层设计"[N]. 北京日报，2012-3-26（17）.

② 乔耀章，巩建青. 我国城乡二元结构的生成、固化与缓解——以城市、乡村、市场与政府互动为视角 [J]. 上海行政学院学报，2014（4）：90-91.

③ 周立. 新型城乡关系与中国的城镇化道路——对城乡二元结构本质问题的再思考 [J]. 学术前沿，2016（4）：18.

政府责任为主，强调统一、公平、普惠原则，为全体国民提供的国民年金；第二层次是强调责任分担的差别性职业养老金，在国民年金制度基础上，根据不同职业劳动者异质性的特征，突出权利与义务相结合的原则，适当体现差异性。

中国基本养老保险制度城乡一体化的顶层设计是需要政府循序渐进、合理布局的过程，并不是一蹴而就的，需要政府进行合理的时空定位与周密计划，才能保证制度发展与时空演进达到相对平衡与良性耦合。本着"着眼全局、循序渐进"的原则，本书根据前文人口老龄化与财政收入的预测分析结果，分步骤、有重点地推进，其实现步骤如下：

第一步，2018～2030 年。2030 年，中国 65 岁以上老年人口将达到 2.66 亿人，占总人口比重的 18.88%，城镇化水平将达到 70%，未来将有 3 亿的农民移居城市，城镇化从快速推进阶段转向稳定发展的阶段。[①]2030 年是实现邓小平同志提出的"三步走"战略目标的关键时间节点，据前文预测结果来看，2030 年中国 GDP 为 1390346 亿元，财政收入为 339937 亿元，财政收入占 GDP 比重为 24.45%。这一时期的主要任务是稳定与完善现有制度结构，补充《中华人民共和国社会保险法》将机关事业单位与企业职工并轨整合为"职工基本养老保险制度"，建立适度集中、有序组合、没有漏洞、普遍覆盖的"职保"与"居保"并行的二元制度安排，并保持全面稳定，这段时期作为实现城乡一体化的准备期。

第二步，2030～2050 年。人口老龄化达到峰值，2050 年中国 65 岁以上老年人口将达到 4.35 亿人，占总人口比重的 31.87%。2049 年中华

---

① 杨庆蔚.投资蓝皮书：中国投资发展报告（2013）[M].北京：社会科学文献出版社，2013：2-15.

人民共和国成立 100 周年，中国综合国力大幅度提升，2050 年中国 GDP
为 2427196 亿元，财政收入为 694373 亿元，财政收入占 GDP 比重为
28.61%。这一时期的主要任务是在对二元的基本养老保险制度进行完善
的同时，将"职保"与"居保"进一步整合为城乡一体化的基本养老保
险制度。城乡一体化的基本养老保险制度在养老保险结构中定位于"保
基本""广覆盖""小保障"的基础性制度层面，实现人人享有养老保险，
以应对人口老龄化高峰的到来（见图 5-1）。

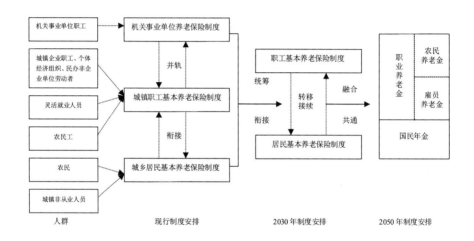

图5-1　中国城乡一体化基本养老保险制度的实现步骤图

　　然而，推进步骤能否如期实现需要更高水平的经济、政治、社会等
时空环境与条件的支撑，循序渐进、层层推进，尤其是建立国民年金制度，
是一种强调政府责任的普惠式、公平性的制度安排，是基本养老保险实
现城乡一体化最核心的部分，因此，有必要重点探讨国民年金制度的具
体设计。

二、底线公平：国民年金制度

2005 年，世界银行在《21 世纪的老年收入保障——养老金制度改革国际比较》中将养老保险"三支柱"扩展为"五支柱"模式，创造性地引入"零支柱"，也称为"国民年金"。不仅在英国、瑞典、日本、加拿大等发达国家普遍推行，并且在玻利维亚、博茨瓦纳、毛里求斯、纳米比亚、尼泊尔和萨摩亚群岛等低收入发展中国家不断扩展，[①]世界上实施国民年金制度的国家已有 71 个。[②]国民年金是以消除老年人的贫困为宗旨，由财政保证资金来源，实现对基本养老保险责任履行的一种非缴费型的养老金。本书运用"底线公平"理念来设计国民年金制度，因为"底线公平"是一个确定与描述社会公平度的概念，使得国民年金制度的设计理念更加具体化。"底线公平"摆脱西方抽象公平价值桎梏，是就政府与社会必须承担的保障责任的意义而言，是政府责任的"底线"，[③]科学划分政府与其他责任主体的边界，与本书的主旨相契合。国民年金制度设计的核心要点在于覆盖范围、参保方式、资金来源、保障水平等方面，详见图 5-2。

---

① Holzman. R. & R. Hinz. Old Age Income Support in the 21st Century:An International Perspect on Pension Systems and Reform[M]. The World Bank:Washington, D, 2005:45.

② 王誉霖，殷宝明. 国民养老金制度的可行性研究——基于财政负担规模的测度 [J]. 社会保障研究，2015（1）：3.

③ 景天魁. 底线公平：和谐社会的基础 [M]. 北京：北京师范大学出版社，2009：147.

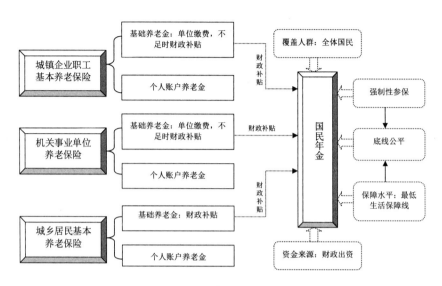

图5-2　国民年金制度设计图

第一，制度覆盖范围。国内学者林闽钢（2013）认为国民年金的参保对象包括除 20 岁以下被抚养者以外的所有国民以及在中国居住的所有外国人。[①]张思锋和曹信邦（2014）认为国民年金享有对象需要满足两个基本条件：一是国民资格；二是缴费年龄是 16 ～ 59 岁，领取年龄是 60 岁及以上。左学金（2013）认为国民年金制度是一种惠及全体 65 岁及以上老人的非缴费型养老金。[②]各国关于国民年金制度覆盖范围设计有所不同，日本是在全国范围内推行"全民养老保险"，即年满 20 岁至 60 岁，保证养老保险体系中第一层次的国民年金制度让所有人都有养老金；韩国也是将 18 ～ 60 岁的国民（含外国籍）都纳入国民年金制度中；[③]瑞典

[①] 林闽钢. 实行国民年金制度改革，增强养老保险的公平性 [C]. 第九届社会保障国际论坛，2013：25.

[②] 左学金. 应建立国民基础养老金 [N]. 中国劳动保障报，2013-11-15（3）.

[③] 余梦秋. 城乡一体化社会养老保险制度建设研究 [M]. 四川：西南财经大学出版社，2014：94-95.

则实行的是残补模式，保障对象为无收入和低收入人群。本书认为国民年金制度建立的最终目的在于实现养老金制度的全覆盖，保障全体国民的养老保障权益。从公民权利的角度分析，基本社会权利是人人能够享受养老保障的"底线公平"，在国民年金中引入"国民"身份，实现"去身份化"。因此，中国国民年金制度的覆盖范围包括具有中国国籍的公民，无须进行收入调查，参保方式是具有强制性的。具体设定多大年龄的老人可以领取养老金，应考虑与退休年龄相衔接、与财政保障能力相适应，根据未来中国人口结构发展趋势，本书认为参保对象为 16~59 岁，从 60 岁开始领取养老金，可根据延迟年龄政策适度调整，在 60~64 岁之间领取减额支付，在 65 岁以后开始领取满额支付。

第二，资金来源。国内学者对此提出不同的观点，郑功成（2002）认为基本养老保险制度中普惠式的国民养老金应由政府承担全部责任。王誉霖和殷宝明（2015）从财政负担角度评估国民年金建立的可行性，认为资金来源于税收筹资和财政补贴，政府承担财政"兜底"责任。[1] 肖严华和左学金（2015）认为应当建立一个强制缴费率门槛较低、各类劳动者均能参加的"国民基础养老金"，将基础养老金的强制缴费率设定为工资的 12%。[2] 曹信邦和何慧婷（2012）认为雇主按照雇员工资收入的 20% 缴纳养老保险费，与财政补贴共同构成国民年金的资金来源。[3] 林闽钢（2013）、王素芬（2017）认为通过国家税收征缴可以体现国民年金

---

① 王誉霖，殷宝明. 国民养老金制度的可行性研究——基于财政负担规模的测度 [J]. 社会保障研究，2015（1）：9.

② 肖严华，左学金. 全国统筹的国民基础养老金框架构建 [J]. 学术月刊，2015（5）：66.

③ 曹信邦，何慧婷. 中国国民年金的财政支持力度分析 [J]. 经济视角（上），2012（6）：31.

的普惠公平以及政府的有限责任。各国在国民年金制度资金来源设计上各有不同，日本的国民年金制度是由财政负担。[①]澳大利亚在1909年建立国民年金制度，资金来源于税收，由政府进行财政转移支付。[②]英国政府国民年金基金来源由雇员缴费、雇主缴费和财政补贴三部分构成，财政补贴约占国民保险全部资金的11.5%，对老年低收入者负担全部的养老金费用。[③]瑞典的国民年金制度则与老人收入水平挂钩，对那些没有收入来源的老年人设立养老保障线。[④]韩国国民年金制度资金来源于雇主和雇员的缴费，政府仅对不同收入的参保农民、渔民给予一定的补贴，最高补贴比例为缴费额的50%。[⑤]

目前中国基本养老保险制度内部有城镇企业职工养老保险、机关事业单位养老保险、城乡居民基本养老保险三种制度并存的问题，三种制度的模式均采用"统账结合"模式，如图5-2所示，本书认为三者的最大区别是基础养老金的来源不同，但同时都离不开财政补贴，说明中国国民年金制度设计的资金来源具有同源性。由于《中华人民共和国社会保险法》关于财政责任方面的规定并不明确，尤其是财政补贴的具体比例，本书认为应当明确财政补贴的比例来确定国民年金制度的资金来源。财政补贴预测的思路是：前文分析发现人口老龄化对中国基本养老保险政府责任定位具有显著影响效应，其中养老保险财政补贴的增长与人口

---

① 刘锋.日本的社会保障制度——以国民养老金为中心[J].国外理论动态，2008（1）：56.
② 李常印，李红岚.韩国国民年金制度及对我国的启示[N].中国劳动保障报，2012-5-29（3）.
③ 武琼.从英国养老金制度演进看政府责任变迁[J].中国财政，2011（1）：69.
④ 赵永生.国外国民年金制度概览[N].中国劳动保障报，2013-10-15（3）.
⑤ 汤兆云.城乡统筹发展中的社会养老保险制度建设研究[M].北京：经济日报出版社，2017：283.

老龄化有着密切关系，根据 2005 ~ 2015 年老龄人口比重与基本养老保险财政补贴数据，通过回归分析证明两者关系，依据前文人口老龄化预测结果对基本养老保险财政补贴的需求进行预测。以基本养老保险财政补贴为因变量 Y，65 岁以上人口所占比重为自变量 X，利用 SPSS 软件进行回归分析，如表 5-1 和表 5-2 所示，模型的修正系数为 0.975，回归系数 t 值为 17.09，伴随概率 P 值为 0.000，通过显著性水平为 1% 的检验，说明模型拟合优度良好，最终确立的模型为：Y=-6228+61396.512X。

表5-1　模型摘要表

模型	R	R²	修正的 R²	估计标准误差
1	0.989ª	0.978	0.975	168.10009

资料来源：根据 SPSS 统计分析结果整理而成。

表5-2　回归系数表

模型	非标准化系数		标准化系数	t 值	P 值
	系数	标准误差			
1（常数）	-6228.187	405.729		-13.696	0.000
自变量 X	61396.512	3889.213	0.989	17.090	0.000

资料来源：根据 SPSS 统计分析结果整理而成。

将第四章表 4-11 中中国未来人口老龄化的预测值带入上述回归方程，得到基本养老保险财政补贴的预测值，详见表 5-3。

表5-3　2020 ~ 2050年中国基本养老保险财政补贴情况预测

年份	财政补贴（亿元）	财政收入（亿元）	财政补贴占财政收入比重（%）
2020	8120	218369	3.72
2025	11007	271981	4.05
2030	14120	339937	4.15

续 表

年份	财政补贴（亿元）	财政收入（亿元）	财政补贴占财政收入比重（%）
2035	17317	429193	4.03
2040	20948	499705	4.19
2045	25120	602728	4.17
2050	29037	694373	4.18

资料来源：数据由笔者预测，由于 2015 年的数据已经产生，此表不再显示。财政收入预测数据来自第四章表 4-7。

表 5-3 中财政补贴预测结果显示，2050 年中国财政补贴占财政收入比重基本维持在 4% 左右，这意味着每年政府要从财政收入中拿出 4% 左右作为国民年金的资金来源，这与国内部分学者景天魁（2016）、张思锋和曹信邦（2014）、王誉霖和殷宝明（2015）的测算结果一致，说明本书预测可以成立。从前文分析来看，财政补贴压力过大是制约中国基本养老保险政府责任定位的因子，这是由于中国政府在基本养老保险上的财政负担未能与经济发展、财政能力等因素维持在一个适度的水平，因而在国民年金制度设计中也要考虑到这个因子所造成的影响。根据张思锋和曹信邦（2014）的预测结果，2012 ~ 2050 年，在不同的经济增长率与人均工资收入增长率下，财政补贴占财政收入最大比重分别为 4.38%、6.09% 和 8.15%。[①] 相较而言，本书关于财政补贴预测结果更符合国民年金制度设计的宗旨，在实现老有所养目标的同时，有效规避人口老龄化带来的风险，将国民年金待遇给付水平确定在与财政负担水平相适应的动态平衡点上。因此，根据前文财政能力、人口结构等数据预测分析，本书认为国民年金制度的资金来源由财政出资，财政补贴占财政收入比重维持在 4% 左右较为适合，与一些已经建立国民年金的亚非

---

① 张思锋，曹信邦. 中国国民年金制度设计的基本思路 [J]. 理论探讨，2014（1）：83.

国家相比，这个比重在中国财政承受能力范围内。

第三，保障水平，即替代率。国内外学者普遍认可国民年金是一种广覆盖、普惠式的养老保障，替代率不宜设置过高，但具体的设计却各有不同。景天魁（2016）认为将基础养老金与最低生活保障线统一起来，用以明确政府、企业和个人责任。[①] 林闽钢（2013）、肖严华和左学金（2015）参照国际国民年金替代率为 20% ~ 30% 的设计，按照基本原则认为中国国民年金应收取 12% 的缴费率，提供 35% 的养老金替代率。从国际经验来看，以日本国民年金 2014 年的历史标准为例，国民年金当年保费月额度为 15250 日元，为平均养老金替代率的 20%，中国可以设置为 15%。[②] 澳大利亚国民年金的目标是防止老年贫困，在 2009 年实施国民年金改革中将替代率设置为 27.5%。[③] 本书将中国国民年金制度定位为政府落实最低养老保障待遇的基础性养老金，目标在于防止老年贫困与促进社会公平，其待遇保障水平应以最低生活保障线作为底线，仅限于保证退休人员的生存需要，而不是"基本生活"。2015 年中国农村最低生活保障月平均为 264.8 元，城市为 451.1 元，[④] 本书认为在 2050 年国民年金制度建立之际，应划定全国统一的最低生活标准，并根据当时的经济发展、财政保障、人口结构等情况，以全国最低生活保障线来设置国民年金的待遇水平。

---

① 景天魁，杨建海．底线公平和非缴费性养老金：多层次养老保障体系的思考 [J]．学习与探索，2016（3）：36.

② 张乐川．公共养老保险制度改革困境的探讨——基于日本国民年金基金的分析 [J]．现代日本经济，2016（3）：91.

③ 孙博，安华．澳大利亚"安全和可持续"的国民养老改革及启示 [J]．社会保障研究，2011（4）：88.

④ 资料来源：来自《2015 年社会服务发展统计公报》的数据。

三、构建多支柱养老保险制度

基于世界银行构建养老保险"五支柱"模式的经验，单纯依靠基本养老保险制度必然会透支政府责任，难以满足公民日益增长的养老需求，因而本书结合中国现有多层次的养老保险体系，构建多支柱养老保险制度，详见图 5-3。

零支柱：国民年金。依照前文的设计而建立，覆盖全体国民，注重"底线公平"，由财政出资，具有普惠式特点。

第一支柱：职业养老金。该支柱以职业作为设计起点，仍采用"统账结合"模式，为城乡劳动者单独建立具有强制性、独享性和私益性的个人账户，同时还要保留强制性、共同利益和分享性的统筹账户，共同组成"职业养老金"。职工通过政府、用人单位及参保个人三方按照比例共同缴费，体现责任共担的原则，至于三方供给比重，在下文有限的财政供给责任中具体分析。城乡居民则通过个人缴费，将个人账户作为养老金。零支柱与第一支柱正是前文关于城乡一体化的基本养老保险制度设计的构成部分，替代率不宜设置过高，达到 50% 左右。

第二支柱：补充养老金。该支柱是在第一支柱基础上的有效补充，由雇主与雇员按照单位的经济效益与个人实际收入比例缴纳一定的补充养老保险，由现有的企业年金与机关事业单位的职业年金共同构成。美国政府通过制定不同的税收政策鼓励企业提高职工的退休金，401（K）计划值得中国借鉴。

第三支柱：商业储蓄养老金。即由个人和企业以自愿性的方式进行商业性保险储蓄，建立商业保险储蓄基金，如购买商业性人寿保险。

2017 年 6 月，国务院出台《关于加快发展商业养老保险的若干意见》，启动个人税收递延型养老保险试点工作，以税收优惠促进购买商业养老保险，推进中国养老保险中"第三支柱"的建立和完善，满足更高层次的养老保障需求。

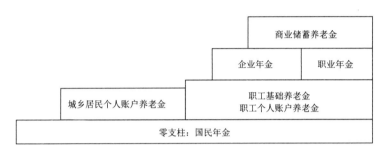

图5-3　多支柱养老保险制度的新架构

第二节　中国基本养老保险财政供给责任的合理定位

一、从差异化到适度统一

中国基本养老保险财政供给责任的差异，不利于基本养老保险制度的公平可持续发展，本书认为财政供给责任目标定位应从差异化逐步走向适度统一。

一是以劳动者工作属性为依据，"统一就业者"即城镇企业职工和机关事业单位养老保险制度财政责任模式，明确为缴费参与的财政责任模式，最终实现财政责任模式定位的适度统一。如图 5-4 所示，将现行财政参与环节设置在制度的"出口"，属于"前端不补、后端兜底"的财政出资方式，财政相对于用人单位与个人而言是被动出资，是"暗补"

模式，财政要兜的"底"并不明确，必须重新给财政出资的机制进行定位。借鉴西方国家的做法，将财政支付的环节放在制度的"入口"端，即财政与用人单位、个人同步出资，以主动出资替代被动补缺。

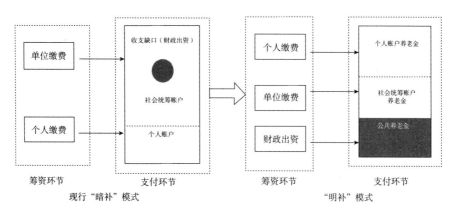

图5-4 从"暗补"模式到"明补"模式

二是通过纵向与横向转移支持手段缩小地区差异。纵向转移支付是由中央财政向地方财政进行财政转移，横向转移支付是由财政盈余的地区向财政亏空的地区进行转移。西方国家横向转移支付具有丰富的经验，例如"德国通过富裕州向贫困州的横向转移，各州获得财力的平均值维持在98% ~ 110%"。[①]

三是通过扩大城乡居民养老保险财政支持规模以缩小养老保险制度城乡差异。中央财政要增加城乡居民养老保险制度基础养老金，提高城乡居民的养老待遇水平，通过扩大对经济落后地区财政的转移支付规模，省级财政要扩大向省以下财政转移支付。

四是中央与地方政府协同合作逐步实现全国统筹。根据公共物品理

---

① 杨斌，丁建定. 中国养老保险制度政府财政责任：差异及改革 [J]. 中央财经大学学报，2015（2）：14.

论，按受益范围划分为全国性公共物品、准全国性公共物品和地方性公共物品三种不同层次的公共物品。全国性公共物品由中央政府提供，地方性的公共物品由地方政府提供，而准全国性公共物品的供给责任则根据其收益范围大小在中央与地方政府之间合理划分承担范围和程度。根据上述划分原则，基本养老保险制度就其属性而言，既包含全国性公共物品，也包含地方性公共物品，界定为准全国性公共物品，由中央与地方政府共同承担供给责任。然而，在跨地区的公共物品供给过程中，单纯依靠某些地区必然会导致"公地悲剧"，需要中央与地方政府协同合作，调动地方政府改革的动力，逐步实现全国统筹。与此同时，中央与地方政府在基本养老保险中财政供给比例予以明确，郑功成（2015）借鉴德国经验，认为"中央与地方政府应均摊这一责任，各自负担一半的补贴，这种有限责任有助于打消各级政府的疑虑"。[①]

二、有限的财政供给责任

中国计划经济时期的历史之鉴与西方福利国家的前车之鉴警示着任何政府的能力都是有限的，政府既有"协助之手"又有"掠夺之手"，管得过多必然造成过重的财政负担，尤其是在经济发展进入新常态，财政收入难以维持高增长的态势下，要树立有限财政意识，清晰界定财政责任范围。从公共物品理论来看，基本养老保险具有准公共物品属性，本书认为中国政府在基本养老保险中承担有限的财政责任。目前学术界认可基本养老保险的资金供给来源于政府、市场（企业）与个人（公民）

---

① 郑功成. 从地区分割到全国统筹——中国职工基本养老保险制度深化改革的必由之路[J]. 中国人民大学学报，2015（3）：9.

三方共担的模式，"在养老保障权实现的过程中，政府责任是首要的责任，但并不是唯一的责任，在养老保险领域中存在着政府责任、社会责任、个人责任的耦合"。[①]多数学者认为目前中国基本养老保险责任供给比例并不合理，主要体现在政府责任未能明确、用人单位责任过重、个人责任过轻，但对于这种分担模式的责任如何划分未能有统一的定论，本书基于公共物品理论，采用系统动力学方法厘清三方责任主体的供给比重以明确政府责任的限度。

系统动力学研究强调研究对象是一个系统，要求具有整体性属性的同时，还要求系统内的各要素间具有因果关系。国内部分学者将系统动力学研究方法应用于养老保险领域，汪泓（2008）[②]较早将系统动力学应用于社会保险基金研究中；郝勇（2011）[③]、张玉洁（2012）[④]、王素芬（2017）[⑤]采取系统动力学的研究方法对三方责任主体分担进行定量研究，为本书奠定基础。假设以基本养老保险资金为指数1，设定财政资金供给占养老保险收入的比重为X1，用人单位资金供给占养老金收入的比重为X2，个人资金供给占养老金收入为X3，三方责任主体的供给比重即X1+X2+X3=1。由于三方责任主体供给涉及诸多要素，本书利用系统动力学软件对基本养老保险三方供给责任进行模拟，其要素参数依据现行政策规定设置，用人单位缴费率为0.20，个人缴费率为0.08，财政支出比

---

① 李磊. 社会保障权的宪法保护问题研究［J］. 河北法学，2009（10）：32.

② 汪泓. 社会保险基金的良性运营：系统动力学模型、方法、应用［M］. 北京：北京大学出版社，2008：10.

③ 郝勇，周敏. 基本养老保险三方缴费分担比例改善与前瞻［J］. 改革，2011（6）：123.

④ 张玉洁. 基本养老保险三方分担机制研究［J］. 劳动保障世界，2012（6）：9.

⑤ 王素芬. 中国基本养老保险筹资责任适度分担机制研究［M］. 北京：法制出版社，2017：126.

重为 0.10，工资增长率为 0.08，经济增长率为 0.07，投资收益率为 0.025，替代率为 0.58。根据因果关系分析，设置构建系统模型所需的状态变量、速率变量、辅助变量，绘制出基本养老保险责任主体供给的系统流程图，详见图 5-5。

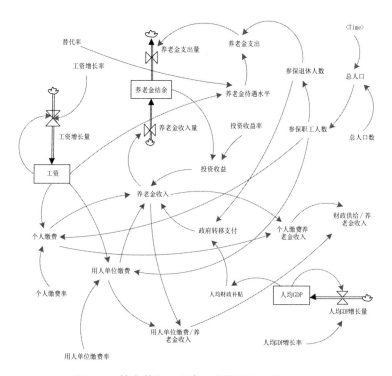

图5-5 基本养老保险责任主体供给系统流程图

资料来源：由系统动力学软件绘制而来。状态变量是描述系统物质流动或信息流动积累效应的变量，表征系统的某种属性，绘制符号为 ☐；速率变量是描述系统物质流动或信息流动积累效应变化快慢的变量，绘制符号为 —▷▶；辅助变量是起到辅助表达信息决策作用的变量。

构造方程是系统动力学研究中不可或缺的环节，系统流程图描述基本养老保险责任主体供给的整体框架，而结构方程则是描述这个框架内各要素之间的定量关系，详见表 5-4。

表5-4　基本养老保险责任供给的系统方程式

状态方程	速率方程
养老金结余＝养老金收入量－养老金支出量； 人均GDP＝人均GDP＋人均GDP增长量； 工资＝基础工资＋工资增长量	养老金支出＝养老金待遇水平×参保退休人数； 人均GDP增长率＝人均GDP×人均GDP增长率； 工资增长量＝基础工资×工资增长率
辅助方程	
个人缴费＝工资×个人缴费率×参保职工人数； 用人单位缴费＝工资×用人单位缴费率×参保职工人数； 政府转移支付＝人均财政补贴×参保退休人口数； 人均财政补贴＝人均GDP×财政支出比重； 养老金收入＝财政支出＋用人单位缴费＋个人缴费＋投资收益； 养老金待遇水平＝工资×替代率； 投资收益＝养老金结余×投资收益率； 个人供给比重＝个人缴费／养老金收入； 用人单位供给比重＝用人单位缴费／养老金收入； 财政供给比重＝1－个人缴费／养老金收入－用人单位缴费／养老金收入	

　　根据基本养老保险责任主体供给的要素及各参数设置，构造状态方程、速率方程、辅助方程，运用系统动力学软件进行测算，需要对不同责任主体的供给比重参数设定不同的组合，通过固定财政供给比重（8%、9%、10%、11%、12%），分别组合用人单位供给比重（10%、12%、14%、16%、18%）和个人供给比重（6%、7%、8%、9%、10%），求出各种组合时的三方供给比例，并计算各自供给比的变动率，找出三方供给比变动率最小的组合，变动率最小的一组组合就是最优组合，从而明确政府、用人单位、个人三方对基本养老保险资金供给最合适的比例。根据数据输出结果发现：有两组数据变动相对较小，一组为当财政供给比重为10%、用人单位供给比重为10%、个人供给比重为9%时，三方主体供给责任比例变化最小，政府、用人单位和个人供给比例为1∶3.32∶3.08；另一组为当财政供给比重为10%、用人单位供给比

重为 12%、个人供给比重为 7% 时，政府、用人单位和个人供给比例为
1 ∶ 4.12 ∶ 2.38。考虑到目前中国基本养老保险责任主体供给现状，应
明确政府在基本养老保险供给比例，适度降低用人单位缴费比例，适度
提高个人缴费比例，因而，中国基本养老保险财政供给比重为 10%，用
人单位供给比重为 10%，个人供给比重为 9%，是三方责任主体供给比重
的最优组合，这也符合理论和实践上的合理预期。基于上述研究结果，
本书建议改费为税，设置专门的社会保险税，不仅能够发挥税收的普遍
性与统一性，增强资金调剂力度，提高统筹层次，而且能够将政府责任
显性化。

三、多渠道化解转制成本

当前中国基本养老保险制度虽然实行统账结合模式，但个人账户长
期处于空账运行状态，个人账户空账问题正是由于"老人"和"中人"
在新旧养老保险转型中缺乏个人账户基金积累。转制成本是由"老人"
缺乏个人账户积累与"中人"需要支付的过渡性养老金构成的，国内学
者孙祁祥（2001）认为转制成本是"显性化"的隐性债务，[①] 也有部分学
者彭浩然和陈华（2008）[②]、马骏和马晓蓉（2012）[③]对转制成本进行预测，
新制度建立带来的"老人"与"中人"转制成本现值分为 83646 亿元和

---

① 孙祁祥. "空账"与转轨成本：中国养老保险体制改革的效应分析 [J]. 经济研究，2001
（5）：23.

② 彭浩然，陈华. 我国养老保险个人账户"空账规模"变化趋势分析 [J]. 统计研究，
2008（6）：63.

③ 马骏，张晓蓉. 中国国家资产负债表研究 [M]. 北京：社会科学出版社，2012：200.

12422 亿元，总的转制成本约为 97069 亿元。[1] 在传统计划经济体制下，中国一直实行"低工资、低消费、高积累"的政策，这些已退休人员和即将退休的中年劳动者对国家财富积累已经作出贡献，国有资产积累的一部分是靠这些职工牺牲其消费和积累凝聚而来的，转制成本应当由政府来承担，但政府却将历史责任转嫁给企业和个人承担。因此，本书认为政府应从"明债暗偿"转变为"主动担责"，多渠道化解转制成本。

一是通过适度划转部分国有资产的方式偿还历史债务。针对国有企业改制中职工养老保险欠费的历史遗留问题，划拨或变现部分国有资产进行制度补偿是一个负责任政府的理性选择。《中共中央关于全面深化改革若干重大问题的决定》明确提出"划转部分国有资本充实社保基金"的要求，通过转移、减持、出售部分国有资产，选择收益较为稳定的中央与地方国企，将其部分股权划拨到全国社保基金理事会名下，社保基金根据所持有的部分产权，通过分红持续获得收益。[2]

二是通过发行债券等方式逐步偿还。鉴于中国财政能力有限，加上建立个人账户制度时参保的多数职工距离退休还需一段时间，个人账户养老金无须一次性发放，可以设置 10～20 年的期限，分阶段逐步化解，避免将长期形成的历史债务由某一届政府来全部承担。建议参考智利等国家化解转制成本的经验，在老龄化高峰期，由政府发行养老保险特别债券或以筹集养老保险的名义发行部分福利彩票等形式充实养老保险基金。

---

① 唐青 . 全覆盖背景下养老保险可持续发展研究——以财政可持续为主线 [M]. 成都：西南财经大学出版社，2017：143.

② 吴永求 . 中国养老保险发展评价及现实挑战 [M]. 北京：科学出版社，2016：172.

三是转制成本由中央和地方财政分级承担。郑功成（2015）认为政府对历史债务应当遵循分级负责的原则，各级财政通过动用所在地区基本养老保险基金累计结余与财政性资金进行弥补，按照 7：3、6：4、5：5 的档次分别由中央财政和地方财政承担。^① 也有部分学者认为在东北三省完善城镇社会保障体系试点中，中央财政按 75%、地方政府按 25% 的比例做实个人账户，实际上已经提供一个中央财政与地方财政对历史欠账或转轨成本的分担比例的可参考依据，本书认为可根据上述比例由中央与地方分级共同承担。

第三节　中国基本养老保险组织实施责任的合理定位

一、从被动实施到主动服务

"公共服务是现代政府的基本职责，政府代表'公意'为公众提供优质的公共物品与服务，责任政府的本质特征是人民至上，人民利益和需求是责任政府的行为方向，而满足公众需求的方式就是服务。"^② 基本养老保险是社会发展的"稳定器"、经济运行的"减震器"以及实现社会公平的"调节器"，维系着国家长治久安与国民的终身福祉，政府对基本养老保险事务的积极参与对现行政权来说是一个"双赢"策略。在现代的政治语境中，政府在基本养老保险中承担与履行组织实施责任是

---

① 郑功成. 从地区分割到全国统筹——中国职工基本养老保险制度深化改革的必由之路 [J]. 中国人民大学学报，2015（3）：9.

② 徐铜柱. 责任政府研究——从地方治理的视角 [M]. 北京：中国社会科学出版社，2015：171.

政府合法性的重要来源，换言之，能否提供基本养老保险这项公共服务既是现代政府管理中作为政府履行保障社会职责重要的评定标准，也是政党稳定民心、提升公信力的重要手段。对中国来说更是如此，要获得国民的认可，就应当充分体现出社会主义制度的优越性，向国民提供基本养老保险公共服务是中国政府积累合法性资源、增强国民认同感、提升政府公信力的重要途径。

责任政府以"服务者"的身份出现，体现人民本位，建立服务型政府、完善公共服务体系成为中国政府职能转变的重点方向。基本养老保险作为一项公共服务，是服务型政府建设的重要部分，养老保险经办机构是政府在基本养老保险中履行组织实施责任的主要载体，是向亿万参保者输送养老保险服务的平台，也是彰显公共部门形象的重要窗口。[①] 长期以来，中国基本养老保险服务体系建设滞后于制度发展需要，出现经办服务能力不足、服务格局分割、服务手段落后、管理效率低下等问题，无法满足参保人员日益增长的多元化社保服务需求。因此，组织实施责任定位应致力于建设责任型与服务型政府，从被动实施转变为主动服务，摆正自身位置，自觉从"官本位"转变为"民本位"，充分履行政府在基本养老保险中的组织实施责任。

二、从属地管理到垂直管理

养老保险经办机构是政府履行基本养老保险组织实施责任的直接机构，目前中国各省养老保险经办服务模式主要分为属地管理、垂直管理

---

① 房连泉. 社会保险经办服务体系改革：机构定位与政策建议［J］. 北京工业大学学报（社会科学版），2016（6）：46.

与混合管理。第一类是属地管理，就是经办机构设立、变更、人员及经费由所在地的同一级政府负责，经办机构是所在地政府的同一级政府负责，经办机构是所在地政府养老保险行政管理部门的直属事业单位，与上级经办机构没有直接隶属关系，仅接受上级经办机构的业务指导。截至 2013 年，全国各级经办机构绝大多数都实行属地管理。[①] 中央层面的人社部社会保险事业管理中心是综合管理全国社会保险基金和社会保险经办业务工作的部属事业单位，不承担具体的经办业务，与地方经办机构之间只是业务指导关系，没有行政隶属关系。这种模式的优点是明确地方政府发展养老保险事业的责任，特别是在养老保险事业发展初级阶段，这种模式有助于调动地方政府的积极性，保障必要的财力、人力、物力投入，并且可以借助地方政府的行政管理体系，推动养老保险事业快速发展。第二类是垂直管理模式。这种模式不仅意味着经办机构的设立、变更、编制、人员及经费等都不再由同级政府负责，而是由垂直管理体制最高一级的政府负责，而且下级经办机构也不再仅仅接受上级经办机构的业务指导，而是直接受其领导，是上级经办机构的派出机构。截至 2015 年，全国只有少数省份实行这种模式，部分地区积极探索经办机构省级以下垂直管理，天津、吉林、黑龙江、陕西、上海等省级经办机构垂直管理已经实行。第三类是混合管理模式。这种模式是将属地管理与垂直管理结合起来，在同一个行政区域内，部分实行垂直管理、部分实行属地管理。

垂直管理与属地管理各有利弊，从学术界观点来看，以郑功成

---

① 孟昭喜，傅志明 . 中国社会保险管理服务发展报告 1978—2013[M]. 北京：中国劳动社会保障出版社，2014：100.

（2011）[①]、杨燕绥（2011）[②]为代表的学者主张属地管理转型为垂直管理模式。从国际经验来看，目前美国、英国、法国、澳大利亚、日本等国家的经办机构多采用垂直管理模式。[③]从国内实施效果来看，吉林省在2001年开始实行基金省级调剂、机构垂直管理的模式，天津、上海实行统收统支的垂直管理模式，有效地避免了省份内养老保险政策各自为政的混乱局面，权力呈现垂直的治理结构，对提高工作效率、规范流程等起到积极的促进作用。[④]

综上所述，本书认为中国养老保险经办机构应先推行省级垂直管理，由省级经办机构对下属各级机构的人事、经费等进行统一管理；在实现全国统筹后，实行全国垂直管理模式，详见图5-6。首先，实行垂直管理模式有助于科学定位政府的组织实施责任。垂直管理模式采取的是业务集中、职权分工的管理结构，省级养老保险经办机构负责业务管理、资料审核、人事管理、综合稽查等管理工作，将具体经办业务下沉到基层经办机构，分工明确可以避免管理职责交叉，有效降低经办机构的管理运行成本。其次，垂直管理模式有助于推进政府组织实施责任的规范化和标准化。垂直管理模式统一养老保险经办机构的业务流程与标准，通过规范化和标准化建设，提高经办效率与服务水平，实现人员岗位与业务环节之间相互监督与制衡。最后，垂直管理模式有助于实现基本养老

---

① 郑功成.中国社会保障改革与发展战略（总论卷）[M].北京：人民出版社，2011：55.

② 杨燕绥.社会保险经办机构能力建设研究[M].北京：中国劳动社会保障出版社，2011：12.

③ 李超.城镇企业职工养老保险省级统筹思考[J].广西社会科学，2009（9）：28.

④ 张晨寒.垂直管理：养老保险经办机构能力建设的突破口[J].河南师范大学学报（哲学社会科学版），2012（5）：68.

保险全国统筹。推行垂直管理模式可以提高基本养老保险基金统筹层次，减少跨区域统筹的阻力，为实现全国统筹提供强有力的支撑。

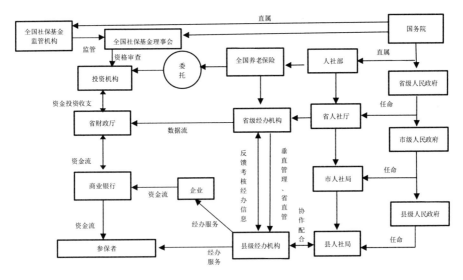

图5-6 基本养老保险垂直管理模式设计图

三、科学定位经办组织性质

中国各地养老保险经办组织设置较为混乱。一是科学定位经办组织性质，将其名称统一，其业务范围为基本养老保险业务，涵盖城镇企业职工、机关事业单位以及城乡居民养老保险。二是反观国外发达国家经办机构的建设，其性质为独立的公共法人机构，实质上是行使政府具体职能的实体，也称为"政府公共事业公司"，如芬兰的KELA、韩国国民年金公司等是在法律授权下独立开展经办业务的机构，经办服务更具独立性与灵活性。本书认为应赋予中国经办机构独立的法人地位，将其运行费用纳入财政预算，以确保其经费来源。三是建立规范、科学、有效的经办机构人员工作制度和管理方法，实行动态配比的、负荷比的管理机制，合理配置经办机构工作人员，提升经办机构的服务质量。"如果行政者来自一个尊重公共利益和诚实的社会环境，则他们大多数必须有公益心，假如缺少这种环境背景，那就难以对他们做这种期望。"[①]养老保险经办机构工作人员应秉承责任至上、服务优先的理念，以建设责任型与服务型政府为目标，以信息公开、程序公正、操作有效的方式开展工作；通过举办业务培训、实行竞争上岗等形式着重提高经办机构工作人员的文化素质、业务能力、办事效率和服务水平。四是顺应大数据时代要求，以"金保工程"建设为契机，建立标准化的基本养老保险资源共享的数据库与信息服务系统，认真落实《城乡企业职工基本养老保险转移接续暂行办法》《城乡养老保险制度衔接暂行办法》《关于机关事业单位基本养老保险关系和职业年金转移有关问题的通知》等文件规定，制定简洁、规范的养老保险转移接续经办流程，避免不必要的"便携性"损失，以高效服务塑造公众满意、负责的政府形象。

第四节　中国基本养老保险监督管理责任的合理定位

一、从多头监管到多元共治

中国基本养老保险监管责任涉及多个部门，包括人社部门、财政部门、审计部门等；也涉及多个责任主体，加上目前中国基本养老保险实行的是属地管理模式，交织着部门、主体之间利益矛盾。"治理是使

---

① 张成福. 责任政府论 [J]. 中国人民大学学报，2000（2）：79.

相互冲突的或不同的利益得以调和并采取联合行动的持续的过程。"① 在基本养老保险监管责任中参与主体多元化，政府不再作为唯一治理主体，社会力量作为合法主体参与治理过程，政府与市场、社会不再是对立的。正如奥斯特罗姆所言："把有局限的但独立的规则制定和规则执行权分配给无数的管辖单位，所有的公共当局具有有限但独立的官方地位。"② 因而，本书认为政府起到掌舵的作用，各参与主体相对独立且彼此之间相互联系，共同承担相应的职责，实现从多头监管到多元共治。

为了保证多元共治达到有效监管，本书认为监管须问责，"谁监督管理、谁负担责任"是确保基本养老保险制度良性运行和可持续发展的基本原则，建立有效的监督问责制度，保证监管责任体系顺利运行。"可行的有效问责制涵盖三个要素：一是惩罚性，问责制具有清晰的惩罚措施；二是强制性，问责主体拥有强制制裁的能力；三是回应性，为问责对象对其行为的正确提供必要的信息。"③ 法律是保证惩罚性、回应性及强制性的有力工具，依法有序问责是问责的基本原则。建立有效的基本养老保险监管问责制度，要以法律法规的形式对问责受理主体、问责对象、问责事由、责任承担方式、责任追究程序等加以规范，依法对责任主体违法或不当行政行为进行责任追究，减少问责过程中有错不纠、纠错不力等现象。

---

① Commission on Global Governance.Our Global Neighborhood[M].Oxford:Oxford Universty Press, 1995:23.

② 埃莉诺·奥斯特罗姆. 公共事务的治理之道：集体行动制度的演进 [M]. 余逊达，陈旭东，译. 上海：上海三联书店，2000：286.

③ 世界银行专家组. 公共部门的社会问责：理念探讨及模式分析 [M]. 北京：中国人民大学出版社，2007：7.

二、从分散监管到适度集中

从管理集中程度看，国际上政府对于养老保险的监管模式可划分为三种。第一种是集中管理模式，指养老保险的筹资、运营、发放、监管由一个政府职能部门执行，政府既是参与者，也是监管者，这种模式的优势是便于集中监管，责任统一，同时也具有以国家行政管理为主，受行政干预较多等局限，东南亚国家多采用这种模式。第二种是分散监管模式，养老保险监管交给多个独立主体负责，政府只作为外部监督者，这种模式的优势是监管效率高，但同时也具有涉及管理机构多，管理成本高等局限，拉丁美洲国家多采用这种模式。第三种是集散结合模式，将养老保险共性较强的部分进行集中监管，特殊性较强的部分则由相关部门分散监管，这种模式的优势是兼具集中监管模式和分散监管模式的优点，更加有利于调动各方面的积极性，提高工作效率，降低管理成本，但需要有利的内外部条件与管理环境，美国、日本均采用这一模式。[①]

政府监督管理责任是确保养老保险制度运行，实现自我完善与发展的重要保障，上述三种政府监管模式都有其优劣，中国并不能单纯效仿某种模式，关键在于结合中国国情选择合适的模式。从发达国家的实践模式与行政问责制要求来看，监管责任模式的选择应当服从基本养老保险自成系统、独立运行的制度属性，以确保制度健康与稳定运行。[②] 对于公共养老金部分，本书认为应当用适度集中的监管模式代替目前权责分

[①] 曹信邦. 新型农村社会养老保险制度构建——基于政府责任的视角 [M]. 北京：经济社会出版社，2012：98.

[②] 郑功成. 中国社会保障改革与发展战略（养老保险卷）[M]. 北京：人民出版社，2011：55.

散的监管模式，以基本养老保险主管部门的行政监督为主体，以立法监督与司法监督为两翼，充分发挥社会监督的作用。在当前统筹地区设置社会保险基金监督委员会的基础上设置全国性社会保险基金监管委员会，该机构负责统筹管理下属的地方性社会保险监管委员会，作为一个独立性机构设置，向人力资源与社会保障部负责汇报监管工作的进展，各级人大、财政审计部门、司法机关、公众、媒体共同负责监督地方监管委员会，将过去分散在各地的社会监督进行适度集中管理，详见图5-7。

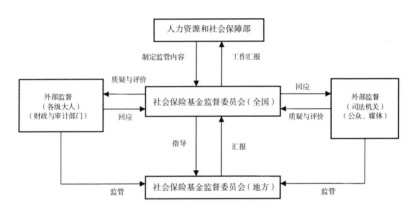

图5-7　适度集中监管模式

三、重构政府基金监管责任

养老保险基金作为一种准公共产品，政府对其实施监管是为了纠正可能存在的低效，保障养老保险基金的安全直接关系到参保者的切身利益，因而，加强养老保险基金监管、确保基金安全是政府的重要职责，需要通过以下方面重构中国政府的基金监管责任：

一是加强基金监管法制建设。有效的监督，制度规范是核心，英国政府的养老保险基金监管法制建设相对健全与完善，杜绝各种违规行为的发生。[①] 本书认为建立与《中华人民共和国社会保险法》《全国社会保障基金条例》相呼应的《养老保险基金监管条例》，将《社会保险基金监督举报工作管理办法》《社会保险费征缴暂行条例》《社会保险基金行政监督办法》等法律条文中关于养老保险基金监管部分规定统一归集，细化养老保险基金筹资、运转、监督等方面的实施细则，明确养老保险基金监管的主体、监督方式、监管范围、处罚方式等内容，保证养老保险基金的监管进入健康的法制轨道。

二是明确政府投资监管责任定位。从国际经验来看，养老保险基金在资本市场中占据重要地位，各国政府非常重视养老金投资运营监管。截至 2015 年 12 月，全国基本养老保险基金结余累计达到 35344.8 亿元，基金结余总量剧增给维护基金安全增添难度，同时因受到通货膨胀的冲击而面临保值增值风险压力。在 2000 年 8 月设立全国社会保障基金，由中央财政预算拨款、国有资本划转、基金投资收益和国务院批准的其他方式筹集的资金构成，这与由用人单位、个人缴费构成的社会保险基金是不同的，其由全国社会保障基金理事会负责管理运营。[②] 从基金性质来看，与公共养老金监管责任模式应当有所不同，但从 2016 年 5 月《全国社会保障基金条例》的规定来看，投资运营监管责任主要依靠人力资源社会保障部、财政部等行政监督以及人民银行、银监会、证监会、保监会等行业监督为主。因而，本书建议建立类似英国养老金监管局的独立养老金监管机构，详见图 5-6，对全国社会保障基金理事会进行监管，专门监管全国社会保障基金运行，有效保障投资运营的市场化运作。

---

① 岳公正. 英国养老保险基金投资运营模式与政府监管 [J]. 社会科学家，2016（1）：73-76.
② 资料来源：全国社会保险基金理事会网站，http://www.ssf.gov.cn/。

三是创新基金监督管理手段。基金监管工作具有较强的综合性，不仅需要监管机构相互配合，探索建立基金安全巡查、约谈和挂牌督办制度，[①] 也需要创新基金监管手段，推进基金监管信息共享。借鉴广东、青岛等地政府的先进经验，按照源头入手、全程监控、网络扫描、分析预警的思路，采用"互联网＋监督"方式，创建社保基金网络监管平台；发挥银行资金监管、财务前置预警、基金分析监管等新功能，对社保基金的收缴、支付、运营、管理等进行全程式网络监管；构建基金收支监督分析的指标体系，以定量分析开展基金的在线监督，及时了解基金管理绩效与内部控制情况，提高在线监督的科学性。

第五节　本章小结

本章重点解决的问题是中国基本养老保险政府责任的合理定位，利用与规避基本养老保险政府责任定位的支持条件与制约因子，从微观角度进行定位：①制度设计责任目标定位于城乡一体化，受城乡收入差距的影响，以"底线公平"理念设计强调政府责任的国民年金制度以消除制度内"碎片化"，政府每年从财政收入拿出4%的补贴作为资金来源，以最低生活保障线来设置待遇水平，在保障国民养老生存需求的同时，构建多支柱养老保险制度来满足不同层次的养老保障需求。②在国民经济稳定发展的条件下，财政供给责任定位目标从差异化走向适度统一，由于制度内赡养比重过高，应逐步加大财政供给力度；受财政能力因素

---

① 李保国 . 完善制度体系提升监督水平 [J]. 中国人力资源社会保障，2016（1）：35.

的影响，政府承担有限的责任。本书根据公共物品理论厘清三方责任主体的供给比重以明确政府责任限度，运用系统动力学软件得出中国基本养老保险财政供给比重为10%，用人单位供给比重为10%，个人供给比重为9%。政府在历史责任中从"明债暗偿"到"主动担责"，多渠道化解转制成本。③组织实施责任目标定位于建设责任型与服务型政府，从被动实施转变为主动服务，采用垂直管理模式，科学定位经办组织性质，顺应大数据时代要求，高效履行实施责任。④建立监管问责机制，从多头监管到多元共治，用适度集中的监管模式代替目前权责分散的监管模式，重构政府基金监管责任实现监督管理责任的合理定位。

第六章　研究结论与展望

第一节　研究结论

本书是关于基本养老保险政府责任定位的研究，在通过深入考察中国基本养老保险政府责任定位的客观现实与已有研究成果的基础上，按照"提出问题—构建框架—实证分析—政策建议"的逻辑主线，在文章绪论中预设研究目标与具体问题，采用文献研究法、系统分析法、社会调查法、规范与实证相结合的研究方法为这些问题寻找答案；将责任政府理论、公共物品理论作为理论支撑，形成对基本养老保险政府责任定位的规范认识，确立研究的逻辑起点与分析基点，采用构建理论框架与实证研究相结合的方式，系统性分析中国基本养老保险政府责任定位演变规律与问题，揭示政府责任定位的影响因子与机理，为合理定位基本养老保险中的政府责任提供科学依据与政策建议。本书的研究结论如下：

（1）构建基本养老保险政府责任定位的理论分析框架，将政府责任构成要素界定为制度设计责任、财政供给责任、组织实施责任、监督管理责任四个要素。

以责任政府理论、公共物品理论作为理论依据，构建相对完整的理论分析框架。首先，依据公共物品理论，本书认为基本养老保险具有准公共物品属性，政府是基本养老保险中的重要责任主体，但并不是唯一的提供者；其次，依据责任政府理论，总结国内外已有研究，将基本养老保险政府责任构成要素界定为制度设计责任、财政供给责任、组织实施责任、监督管理责任四个要素；最后，运用系统分析法构建政府责任构成要素的分析框架，厘清各责任要素之间的内在关联性，四个责任要素相互契合，形成逻辑严密的有机统一体，共同发挥基本养老保险政府责任定位的整体性效能。

（2）政府责任定位随着中国基本养老保险制度变迁经历从"包揽"到"逐步淡出"再到"尝试理性回归"的过程，现阶段存在顶层制度责任缺位、财政供给责任差异、组织实施责任被动、监督管理责任分散的问题。

回顾计划经济时期、改革开放初期、深化改革时期养老保险政府责任定位的具体表现，总结其演变规律：经历从政府"包揽"责任到"逐步淡出"责任再到"尝试理性回归"的过程，也是政府、市场与社会责任不断调整与融合的过程。从历史经验来看，政府在其中承担责任是必要的，但政府大包大揽所有责任并不可取，在计划经济时期有过教训；但政府也不能全身而退，完全将责任推给市场与社会，自身责任的缺位必然导致制度公平性不足。然而，现阶段中国政府责任并没有做到真正的理性回归，未能找准自身责任的定位，仍处于以解决问题为出发点的被动回应阶段，存在顶层设计责任缺位、财政供给责任差异、组织实施责任被动、监督管理责任分散的问题。

（3）基本养老保险政府责任定位是一个复杂而多维的过程，诸多影响因子相互交织通过不同机理对其产生复杂的影响，从经济发展、财政能力、人口结构、制度环境识别与提炼 12 个变量进行实证检验，为找准中国基本养老保险政府责任定位提供科学依据。

基本养老保险政府责任定位是一个贯穿着政府与市场、公平与效率、城市与农村的矛盾，是由诸多影响因子相互作用与耦合的过程。本书梳理已有研究成果中的重要观点，以理论基础与现实问题作为识别依据，遵循科学性、综合性、可操作性的识别原则，从经济发展、财政能力、人口结构、制度环境识别与提炼 12 个变量，构建影响因子的理论模型并采用主成分分析法，运用 SPSS Statitsics 21.0 与 Eviews 6.0 软件，对 12 个变量进行适合性检验、参数估计等计量研究，实证结果表明：一是经济稳定发展与增强财政保障能力是中国基本养老保险政府责任定位的重要条件与保障，通过财政收入占 GDP 比重、人均财政补贴、人均国内生产总值、GDP 增长率、养老金替代率等变量与基本养老保险政府责任定位的最大或较大正向弹性系数得以体现；二是缓解人口老龄化、提高城镇化水平、扩大制度覆盖面对于中国基本养老保险政府责任定位具有重要的促进意义，通过 65 岁以上人口所占比重、0~14 岁人口所占比重、城镇化率、制度覆盖率等变量与基本养老保险政府责任定位的较小正向弹性系数得以体现；三是制度内赡养比过高、财政补贴压力过重、城乡收入差距过大已经成为制约中国基本养老保险政府责任定位的重要屏障，通过制度赡养率、养老保险财政补贴占财政收入比重、城乡居民收入差距等变量与基本养老保险政府责任定位的最大或较大负向弹性系数得以体现。

（4）利用基本养老保险政府责任定位的支持条件与规避其制约因子，从微观角度对中国基本养老保险政府责任进行合理定位。

制度设计责任目标定位于城乡一体化，受城乡收入差距的影响，以

"底线公平"理念设计强调政府责任的国民年金制度以消除制度内"碎片化"，政府每年从财政收入拿出4%的补贴作为资金来源，以最低生活保障线设置待遇水平，在保障国民养老生存需求的同时，构建多支柱养老保险制度以满足不同层次的养老保障需求；二是在国民经济稳定发展的条件下，财政供给责任目标定位从差异化走向适度统一，由于制度内赡养比重过高，政府应逐步加大财政供给力度，但受到财政能力因素的影响，承担有限的责任，财政供给比重为10%，在历史责任中从"明债暗偿"到"主动担责"，多渠道化解转制成本；三是组织实施责任定位目标在于建设责任型与服务型政府，从被动式服务实施转变为主动式服务，采用垂直管理模式，科学定位经办组织性质，顺应大数据时代要求，高效履行实施责任；四是监督管理责任目标定位于从多头监管到多元共治，建立监管问责机制，用适度集中的监管模式代替目前权责分散的监管模式，重构政府基金监管责任。

第二节　研究展望

立足现在，展望未来。基本养老保险政府责任定位是一个复杂的系统性工程，未来研究必然涉及更深层次的现实问题，应立足于缓解中国人口老龄化问题、免除国民养老后顾之忧的基本点，站在构建和谐社会、建设幸福中国的高度上，提供有助于国家长远战略发展的保障与服务模式，这需要通过后续研究细化与延伸：

（1）受文章篇幅所限，搭建的国民年金制度框架仅是本书的一个开始，由于建立国民年金制度涉及诸多领域，其内在结构的设计以及具体实施步骤，难免在实践应用上出现新的问题，因此有待进一步细化研究。

（2）随着中国基本养老保险制度改革的不断深化，在未来研究中延长影响因子的预测年限，通过中长期预测对相关数据进行及时跟踪与调整，为中国基本养老保险政府责任定位提供更为科学的依据。

（3）受经济发展、财政能力、人口结构、制度环境等因素影响，财政供给比重也将适度调整，是未来研究和关注的重点。

| 参考文献 |

理论专著:

［1］洛克. 政府论（下篇）[M]. 叶启芳，瞿菊农，译. 北京：商务印书馆，2015.

［2］卢梭. 社会契约论[M]. 何兆武，译. 北京：商务印书馆，2003.

［3］尼古拉斯·巴尔，彼得·戴蒙德. 养老金改革：理论精要[M]. 郑秉文，译. 北京：中国劳动社会保障出版社，2013.

［4］约翰·罗尔斯. 正义论[M]. 何怀宏，译. 北京：中国社会科学出版社，2009.

［5］埃莉诺·奥斯特罗姆. 规则、博弈与公共池塘[M]. 王巧玲，译. 西安：陕西人民出版社，2011.

［6］埃莉诺·奥斯特罗姆. 公共事务的治理之道——集体行动制度的演进[M]. 余逊达，译. 上海：上海译文出版社，2015.

［7］埃斯平·安德森. 福利资本主义的三个世界[M]. 郑秉文，译. 北京：商务印书馆，2010.

［8］戴维·伊斯顿. 政治生活的系统分析[M]. 王浦劬，译. 北京：华夏出版社，1999.

［9］约翰·克莱顿·托马斯. 公共决策中的公民参与[M]. 孙柏瑛，译.

北京：中国人民大学出版社，2005.

［10］特里·L．库珀．行政伦理学——实现行政责任的途径[M]．张秀琴，译．北京：中国人民大学出版社，2001.

［11］珍妮特·V．登哈特，罗伯特·B.登哈特．新公共服务：服务，而不是掌舵[M]．丁煌，译．北京：人民大学出版社，2014.

［12］罗伯特·达尔．论政治平等[M]．谢岳，译．上海：上海世纪出版集团，2010.

［13］亨利·法约尔．工业管理与一般理论[M]．迟力耕，译．北京：机械工业出版社，2013.

［14］阿尔·里斯，杰克·特劳特．定位：有史以来对美国营销影响最大的观念[M]．谢伟山，苑爱冬，译．北京：机械工业出版社，2011.

［15］弗雷德里希·奥古斯特·冯·哈耶克．自由宪章[M]．北京：中国社会科学出版社，1992.

［16］罗伯特·J.希勒．金融新秩序：管理21世纪的风险[M]．郭艳，胡波，译．北京：中国人民大学出版社，2004.

［17］弗雷德里希·奥古斯特·冯·哈耶克．通往奴役之路[M]．王明毅，译．北京：中国社会科学出版社，1997.

［18］亚里士多德．政治学[M]．颜一，秦典华，译．北京：人民大学出版社，1999.

［19］康德．道德形而上学原理[M]．苗力田，译．上海：上海人民出版社，2012.

［20］约翰·穆勒．政治经济学原理（下卷）[M]．北京：商务印书馆，1997.

［21］塞缪尔·P.亨廷顿．第三波——20世纪后期民主化浪潮[M]．刘军宁，译．上海：上海三联书店，1998.

［22］道格拉斯·C.诺斯．经济史中的结构与变迁[M]．陈郁，罗华平，

译. 上海：上海人民出版社，1994.

［23］鲍德威，威迪逊. 公共部门经济学[M]. 邓力平译. 北京：中国人民大学出版社，2000.

［24］欧文·E.休斯. 公共管理导论[M]. 北京：中国人民大学出版社，2001.

［25］格罗弗·斯塔林. 公共部门管理[M]. 陈宪，译. 上海：上海译文出版社，2003.

［26］阿瑟·奥肯. 平等与效率[M]. 王奔洲，译. 北京：华夏出版社，2010.

［27］路德维希·冯·米瑟斯. 自由与繁荣的国度[M]. 韩光明，译. 北京：中国人民大学出版社，1995.

［28］布莱恩·特纳. 公民身份与社会理论[M]. 郭忠华，蒋红军，译. 长春：吉林出版集团有限公司，2007.

［29］詹姆斯·M.布坎南. 自由、市场与国家[M]. 吴良健，译. 上海：上海三联书店，1987.

［30］安东尼·吉登斯. 第三条道路——社会民主主义的复兴[M]. 北京：北京大学出版社，2000.

［31］加布里埃尔·A·阿尔蒙德. 比较政治学——体系、过程和政策[M]. 曹沛霖，译. 上海：上海译文出版社，1987.

［32］弗里德里奇·哈耶克. 自由秩序原理[M]. 上海：上海三联书店，1997.

［33］吉尔伯特. 社会福利政策导论[M]. 黄晨熹，译. 上海：华东理工大学出版社，2003.

［34］郑功成. 中国社会保障发展报告2016[M]. 北京：人民出版社，2016.

［35］郑秉文. 中国养老金发展报告2015——第三支柱商业养老保险顶层

设计[M]. 北京：经济管理出版社，2016.

［36］邓大松. 社会保障理论与实践发展研究[M]. 北京：人民出版社，2007.

［37］杨燕绥. 政府与社会保障——关于政府社会保障责任的思考[M]. 北京：中国劳动社会保障出版社，2007.

［38］郑秉文. 中国养老金发展报告2013——社保经办服务体系改革[M]. 北京：经济管理出版社，2013.

［39］张邦辉. 社会保障的政府责任研究[M]. 北京：中国社会科学出版社，2011.

［40］孟昭喜，傅志明. 中国社会保险管理服务发展报告1978—2013[M]. 北京：中国劳动社会保障出版社，2014.

［41］景天魁. 底线公平：和谐社会的基础[M]. 北京：北京师范大学出版集团，2009.

［42］郑功成. 中国社会保障改革与发展战略（总论卷）[M]. 北京：人民出版社，2011.

［43］郑功成. 中国社会保障改革与发展战略（养老保险卷）[M]. 北京：人民出版社，2011.

［44］杨方方. 从缺位到归位——中国转型期社会保险中的政府责任[M]. 上海：商务印书馆，2006.

［45］李军鹏. 责任政府与政府问责制[M]. 北京：人民出版社，2009.

［46］陈国权. 责任政府：从权利本位到责任本位[M]. 杭州：浙江大学出版社，2009.

［47］曹信邦. 新型农村社会养老保险制度构建——基于政府责任的视角[M]. 北京：经济科学出版社，2012.

［48］蒲新微. 养老保障与政府责任[M]. 北京：中国劳动社会保障出版社，2016.

［49］郑功成. 中国社会保障制度变迁与评估[M]. 北京：中国人民大学出版社，2000.

［50］郑功成. 科学发展观与共享和谐——民生视角下的和谐社会[M]. 北京：人民出版社，2006.

［51］杨燕绥. 社会保险经办机构能力建设研究[M]. 北京：中国劳动社会保障出版社，2011.

［52］国家应对人口老龄化战略研究养老保险制度改革与发展研究课题组. 养老保险制度改革与发展研究[M]. 北京：华龄出版社，2014.

［53］孙光德，董克用. 社会保障概论[M]. 北京：中国人民大学出版社，2012.

［54］徐铜柱. 责任政府研究——从地方治理的视角[M]. 北京：中国社会科学出版社，2015.

［55］吴永求. 中国养老保险发展评价及现实挑战[M]. 北京：科学出版社，2016.

［56］俞可平. 治理与善治[M]. 北京：社会科学文献出版社，2000.

［57］赵洁. 政府的社会责任[M]. 太原：山西人民出版社，2015.

［58］吴明隆. 问卷统计分析实务：SPSS操作与应用[M]. 重庆：重庆大学出版社，2010.

［59］蒋劲松. 责任政府新论[M]. 北京：社会科学文献出版社，2005.

［60］王成栋. 政府责任论[M]. 北京：中国政法大学出版社，1999.

［61］张成福，党秀云. 公共管理学[M]. 北京：中国人民大学出版社，2001.

［62］孟昭喜. 中国社会保险管理服务发展报告（1978—2013）[M]. 北京：中国劳动社会保障出版社，2015.

［63］叶托. 中国地方政府行为选择研究——基于制度逻辑的分析框架[M]. 广州：广东人民出版社，2014.

［64］焦凯平. 养老保险[M]. 北京：中国劳动社会保障出版社，2004.

［65］申曙光，彭浩然. 中国养老保险隐性债务问题研究[M]. 广州：中山大学出版社，2009.

［66］李绍光. 养老金制度与资本市场[M]. 北京：中国发展出版社，1998.

［67］王志凯. 比较福利经济分析[M]. 杭州：浙江大学出版社，2004.

［68］李军鹏. 公共服务型政府[M]. 北京：北京大学出版社，2004.

［69］段家喜. 养老保险制度中的政府行为[M]. 北京：社会科学文献出版社，2007.

［70］张铭. 政治学方法[M]. 苏州：苏州大学出版社，2003.

［71］王利军. 中国养老金缺口财政支付能力研究[M]. 北京：经济科学出版社，2008.

［72］董克用. 中国经济改革30年[M]. 重庆：重庆大学出版社，2008.

［73］葛延风. 完善城镇企业职工养老保险制度的思路与对策[M]. 北京：社会科学文献出版社，2004.

［74］姜向群. 老年社会保障制度——历史与变革[M]. 北京：中国人民大学出版社，2005.

［75］贾西津. 中国公民参与案例与模式[M]. 北京：社会科学文献出版社，2008.

［76］厉以宁. 中国社会福利模型——老年保障制度研究[M]. 北京：上海人民出版社，1994.

［77］顾平安. 政府发展论[M]. 北京：中国社会科学出版社，2005.

［78］张康之，李传军. 行政伦理学教程[M]. 北京：中国人民大学出版社，2009.

［79］常健. 效率、公平、稳定与政府责任[M]. 北京：中国社会科学出版社，2010.

［80］赵苑达．西方主要公平与正义理论研究[M]．北京：经济管理出版社，2010．

［81］李志明．中国城镇企业职工养老保险制度的历时性研究[M]．北京：知识产权出版社，2015．

［82］童星．社会保障经典名著导读[M]．北京：北京大学出版社，2016．

［83］余梦秋．城乡一体化社会养老保险制度设计研究[M]．成都：西南财经大学出版社，2014．

［84］关博．建立更加公平的养老保险制度理论分析与中国实践[M]．北京：经济管理出版社，2016．

［85］吴红梅．包容性发展背景下的我国基本养老保险整合研究——基于整体性治理的分析框架[M]．北京：知识产权出版社，2014．

［86］北京大学中国社会科学调查中心．中国民生发展报告[M]．北京：北京大学出版社，2014．

［87］唐青．全覆盖背景下养老保险可持续发展研究——以财务可持续为主线[M]．成都：西南财经大学出版社，2017．

［88］王素芬．中国基本养老保险筹资责任适度分担机制研究[M]．北京：法律出版社，2017．

［89］孙亚娜，王成鑫，边恕．农村社会养老保险制度优化研究——基于养老金与财政动态契合的视角[M]．北京：经济管理出版社，2017．

［90］吴永求．中国养老保险扩面问题及对策研究[M]．北京：中国人民大学出版社，2014．

［91］杨庆蔚．投资蓝皮书：中国投资发展报告（2013）[M]．北京：社会科学文献出版社，2013．

［92］汤兆云．城乡统筹发展中的社会养老保险制度建设研究[M]．北京：经济日报出版社，2017．

学位论文：

［1］邵薪运. 善治式政府责任研究[D]. 长春：吉林大学，2012.

［2］陶立业. 现代政府责任自觉问题研究[D]. 长春：东北师范大学，2015.

［3］王丹. 我国养老保险财政负担能力可持续研究[D]. 大连：东北财经大学，2015.

［4］刘儒婷. 人口老龄化背景下中国城镇养老金支付能力研究[D]. 大连：东北财经大学，2012.

中文期刊论文：

［1］郑功成. 从地区分割到全国统筹——中国职工基本养老保险制度深化改革的必由之路[J]. 中国人民大学学报，2015（3）.

［2］郑功成. 深化中国养老保险制度改革顶层设计[J]. 教学与研究，2013（12）.

［3］郑秉文. 供给侧：降费对社会保险结构性改革的意义[J]. 中国人口科学，2016（3）.

［4］张成福. 责任政府论[J]. 中国人民大学学报，2000（2）.

［5］房连泉. 社会保险经办服务体系改革：机构定位与政策建议[J]. 北京工业大学学报（社会科学版），2016（6）.

［6］杨斌，丁建定. 中国养老保险制度政府财政责任：差异及改革[J]. 中央财经大学学报，2015（2）.

［7］岳公正. 英国养老保险基金投资运营模式与政府监管[J]. 社会科学家，2016（1）.

［8］郑功成. 中国社会保障演进的历史逻辑[J]. 中国人民大学学报，

2014（1）.

［9］郑功成. 中国社会保障制度变革挑战[J]. 决策观察，2014（1）.

［10］杨斌，丁建定. "五维"框架下中国养老保险制度政府财政责任机制改革的环境分析[J]. 社会保障研究，2015（1）.

［11］林治芬. 中国养老保险最终目标与现实路径选择[J]. 财政研究，2004（3）.

［12］郑功成. 从国家—单位保障制走向国家—社会保障制[J]. 社会保障研究，2008（2）.

［13］郑功成. 中国养老保险制度的未来发展[J]. 劳动保障通讯，2003（3）.

［14］马杰，郑秉文. 计划经济时期下新中国社会保障制度的再评价[J]. 马克思主义研究，2005（1）.

［15］吕惠娟，刘士宁. 我国养老保险制度的替代率问题研究——基于OECD国家的比较分析[J]. 当代经济，2016（22）.

［16］陈敬. "统账结合"式城镇职工基本养老保险制度：模式辨析与困境破解[J]. 中国行政管理，2016（6）.

［17］禹鹏斌. 政府在养老保险中的角色重建[J]. 科技经济市场，2015（6）.

［18］张琳. 政府在养老保险中的责任[J]. 山西财政税务专科学校学报，2015（2）.

［19］张玉洁. 基本养老保险三方分担机制研究[J]. 劳动保障世界，2012（6）.

［20］李保国. 完善制度体系　提升监督水平[J]. 中国人力资源社会保障，2016（1）.

［21］蔡德发，郭潇雨，蔡静. 基于公共财政视角的养老金"并轨"改革问题研究[J]. 哈尔滨商业大学学报（社会科学版），2014（5）.

［22］刘玮. "梯度责任": "个人—政府"视角下的养老保险[J]. 经济问题探索, 2010（12）.

［23］成新轩, 武琼. 养老保险制度变迁中的政府责任探析[J]. 财政监督, 2010（23）.

［24］邓智平. 路径依赖、政策扩散与国家自主性——中国养老保险制度变迁的逻辑[J]. 学术研究, 2014（10）.

［25］杨方方. 我国养老保险制度演变与政府责任[J]. 中国软科学, 2005（2）.

［26］李景鹏. 政府的责任和责任政府[J]. 国家行政学院学报, 2003（5）.

［27］刘远风. 养老保险中的政府责任——基于风险管理的视角[J]. 社会保障研究, 2011（4）.

［28］艾联芳. 政府在养老保险改革中的责任[J]. 武汉冶金管理干部学院学报, 2007（2）.

［29］李艳军, 王瑜. 养老保险中的政府责任: 一个分析框架[J]. 重庆社会科学, 2007（7）.

［30］王顺. 浅谈政府在养老保险中的责任[J]. 理论观察, 2014（3）.

［31］王一. 权利视角下社会福利观的演进与反思[J]. 社会科学战线, 2015（9）.

［32］屈小博. 中国养老保险制度的演变、发展与思考[J]. 社会科学管理与评论, 2010（3）.

［33］雷根强, 苏晓春. 中国养老保险制度变迁的原因分析[J]. 厦门大学学报（哲学社会科学版）, 2010（1）.

［34］王利军. 养老保险政府责任的经济学分析[J]. 辽宁大学学报（哲学社会科学版）, 2005（2）.

［35］郑功成. 中国社会保障: "十二五"回顾与"十三五"展望[J]. 社

会政策研究，2016（1）.

［36］李明镇. 历史欠债怎么来还——关于社会养老保险制度改革中隐性债务及对策研究[J]. 人口研究，2001（3）.

［37］徐华庭，李明力. 我国养老保险机制转轨后存在的问题及改革思路[J]. 南京航空航天大学学报，2003（3）.

［38］黄书亭. 中央政府与地方政府在社会保障中的职责划分[J]. 经济体制改革，2004（3）.

［39］陈明. 有限政府的内涵探究[J]. 当代财经，2003（8）.

［40］董慧丽. 养老保险制度演进中的个人责任与国家责任[J]. 南都学坛（人文社会科学学报），2006（3）.

［41］宋莉莉. 论养老保险体制转轨中的政府责任[J]. 黑河学刊，2006（6）.

［42］金刚，赵文竞. 国有资产与养老保险转轨成本探讨[J]. 产权导刊，2010（3）.

［43］朱旭. 社会保障水平刚性成因研究[J]. 管理学家，2011（10）.

［44］程瑶. 健康城镇化背景下的流动人口发展趋势与对策[J]. 经济地理，2012（4）.

［45］乔耀章，巩建青. 我国城乡二元结构的生成、固化与缓解——以城市、乡村、市场与政府互动为视角[J]. 上海行政学院学报，2014（4）.

［46］王素芬. 继承与超越：《贝弗里奇报告》对我国社会保障立法的借鉴与启示[J]. 法学论坛，2011（10）.

［47］江玉荣. 养老保险基金投资监管模式的国际发展及对我国的启示[J]. 学术界，2013（1）.

［48］杨婧. 我国养老保险统筹层次中政府影响因素分析[J]. 呼伦贝尔学院学报，2013（2）.

［49］马红鸽．瑞典养老保险制度政府财政责任的特点及其启示[J]．重庆理工大学学报，2016（9）．

［50］杨斌．城乡居民养老保险政府财政责任和负担的地区差异[J]．西部论坛，2016（1）．

［51］李敏．事业单位养老保险制度改革政府责任定位分析[J]．时代金融，2014（11）．

［52］李长远．我国事业单位养老保险制度改革中政府责任及定位[J]．社会保障研究，2012（5）．

［53］王深伟，陈凤仙．中央政府与地方政府职责的合理边界[J]．经济学动态，2014（9）．

［54］苟明俐．政府干预市场的三重边界——基于公共责任视角[J]．中国行政管理，2016（4）．

［55］王晓东，雷晓康．城乡统筹养老保险制度顶层设计：目标、结构与实现路径[J]．西北大学学报（哲学社会科学版），2015（5）．

［56］陈丽如，王妍，刘雯．城乡养老保险一体化的制度设计与路径选择[J]．中国管理信息化，2016（1）．

［57］席恒，翟绍果．从理想模式到顶层设计：中国养老保险制度改革的思考[J]．武汉科技大学学报（社会科学版），2012（6）．

［58］郑军．构建城乡养老保险制度衔接机制中的政府责任[J]．农村经济，2012（8）．

［59］刘远风．养老保险中的政府责任——基于风险管理的视角[J]．社会保障研究，2011（4）．

［60］范广军．社会保障的刚性发展特征在中国的变异及其原因分析[J]．河南社会科学，2009（6）．

［61］涂山峰．我国建立全民社会保障体系并刚性化的实证研究[J]．湖北社会科学，2010（1）．

［62］周立. 新型城乡关系与中国的城镇化道路——对城乡二元结构本质问题的再思考[J]. 学术前沿，2016（4）.

［63］朱春奎，申剑敏. 地方政府跨域治理的ISGPO模型[J]. 南开学报（哲学社会科学版），2015（6）.

［64］张晨寒. 垂直管理：养老保险经办机构能力建设的突破口[J]. 河南师范大学学报（哲学社会科学版），2012（5）.

［65］韩烨，韩俊江. 从制度赡养率看我国养老保险基金发展面临的挑战[J]. 经济纵横，2015（5）.

［66］高连欢. "福利刚性"条件下养老保险制度可持续发展路径探析[J]. 理论与现代化，2015（1）.

［67］韩烨. 论养老金并轨改革的目标定位、约束因素与对策选择[J]. 社会科学战线，2016（9）.

［68］范柏乃，张电电，余钧. 政府职能转变：环境条件、规划设计、绩效评估与实现路径——基于Kast组织变革过程模型的分析[J]. 浙江大学学报（人文社会科学版），2016（3）.

［69］董拥军，邱长溶. 我国社会保障支出对公平与效率影响的实证分析[J]. 统计与决策，2008（1）.

［70］薛新东. 我国养老保险支出水平的影响因素研究——基于2005—2009年省级面板数据的实证分析[J]. 财政研究，2012（6）.

［71］于建华，薛兴利，李强. 养老保险与经济发展关系的实证分析——基于VAR模型的视角[J]. 技术经济与管理研究，2014（8）.

［72］杜亚倩. 经济增长、人口老龄化对养老保险基金支出影响的实证分析[J]. 全国商情（理论研究），2014（6）.

［73］张向达，李宏. 社会保障与经济发展关系的思考[J]. 江西财经大学学报，2010（1）.

［74］刘新，刘伟，胡宝娣. 社会保障支出、不确定性与居民消费效

应[J]. 江西财经大学学报，2010（4）.

［75］邓旋. 财政支出规模、结构与城乡收入不平等——基于中国省级面板数据的实证分析[J]. 经济评论，2011（4）.

［76］王燕，徐滇庆. 中国养老金隐性债务、转轨成本、改革方式及其影响——可计算一般均衡分析[J]. 经济研究，2001（5）.

［77］柯卉兵，李静. 论社会保障转移支付制度的理论依据[J]. 中州学刊，2013（7）.

［78］张文. 我国社会保障水平的城乡差异分析[J]. 求实，2013（5）.

［79］曹光四，张启良. 我国城乡居民收入差距变化的新视点——对我国城乡居民收入比的解读[J]. 金融与经济，2015（2）.

［80］曹信邦，刘晴晴. 农村社会养老保险的政府财政支持能力分析[J]. 中国人口资源与环境，2011（10）.

［81］孙祁祥. "空账"与转轨成本：中国养老保险体制改革的效应分析[J]. 经济研究，2001（5）.

［82］庞凤喜，贺鹏皓，张念明. 基础养老金全国统筹资金安排与财政负担分析[J]. 财政研究，2016（12）.

［83］何凌云，胡振虎. 我国财政收入超GDP增长的比较研究[J]. 财政研究，2013（6）.

［84］赵海利，吴明明. 中国财政收入预测的准确性分析[J]. 经济研究参考，2013（45）.

［85］赵海华. 基于灰色RBF神经网络的多因素财政收入预测模型[J]. 统计与决策，2016（13）.

［86］郑秉文. 欧债危机下的养老金制度改革——从福利国家到高债国家的教训[J]. 中国人口科学，2011（5）.

［87］封进，何立新. 中国养老保险制度改革的政策选择——老龄化、城市化、全球化的视角[J]. 社会保障研究，2012（3）.

［88］穆怀中．老年社会保障负担系数研究[J]．人口研究，2001（4）．

［89］李敏，张成．中国人口老龄化与养老金支出的量化分析[J]．社会保障研究，2010（1）．

［90］李洪心，李巍．人口老龄化对我国财政支出规模的影响——从社会保障角度出发[J]．南京人口管理干部学院学报，2012（4）．

［91］苏宗敏，王中昭．人口老龄化背景下中国基本养老保险支出水平的探析[J]．宏观经济研究，2015（7）．

［92］赫国胜，柳如眉．金砖五国人口老龄化、公共养老金支出及其改革策略分析[J]．中央财经大学学报，2016（1）．

［93］郑秉文．从"高龄少子"到"全面二孩"：人口均衡发展的必然选择——基于"人口转变"的国际比较[J]．新疆师范大学学报（哲学社会科学版），2016（4）．

［94］周立环．解读我国的人口少子化问题[J]．边疆经济与文化，2016（9）．

［95］王有鑫，赵雅婧．人口年龄结构与出口比较优势——理论框架和实证经验[J]．世界经济研究，2016（4）．

［96］曹子坚，郭晓萱．简析人口结构变化对我国经济增长的影响[J]．知识经济，2017（10）．

［97］刘铠豪．我国内需增长的理论机理与实证检验——来自人口结构变化的解释[J]．南开经济研究，2017（1）．

［98］刘晓艳，石洪波．"全面二孩"政策下的中国人口结构解析[J]．统计与决策，2017（8）．

［99］翟振武．全面建设小康社会与全面解决人口问题[J]．人口研究，2003（1）．

［100］蒋运营．基于年龄移算法的人口预测[J]．统计与决策，2012（13）．

［101］关信平. 中国流动人口问题的实质及相关政策分析[J]. 国家行政学院学报，2014（5）.

［102］张斌倩. 我国流动人口社会保险的政府责任探析[J]. 管理观察，2015（21）.

［103］周依群，李乐乐. 中国人口结构转变下的社会保险发展[J]. 现代管理科学，2017（2）.

［104］张胜民. 从政府责任角度谈社会保障税的开征[J]. 特区经济，2011（7）.

［105］左香乡，许新星. 我国区域社会保障差异评估与影响因素研究[J]. 湘潭大学学报（哲学社会科学版），2014（5）.

［106］王震. 人口流动与养老金地区差距：基于回归的不平等分解[J]. 劳动经济研究，2017（1）.

［107］康书隆. 制约我国养老金制度支付能力的影响因素分析——从国际和国内比较分析的视角[J]. 宏观经济研究，2014（9）.

［108］龙梦洁. 论农村社会养老保险中的政府财政责任——基于1999年—2003年全国各省市面板数据的实证分析[J]. 保险研究，1999（5）.

［109］阳义南. 我国社会养老保险制度覆盖面的深度分析[J]. 人口与经济，2009（3）.

［110］李强，薛兴利. 政府职能作用对农户养老保险参保意愿影响因素的实证分析——以山东省为例[J]. 山东农业大学学报（社会科学版），2010（2）.

［111］李升. 农村社会养老保险覆盖率的影响因素分析——基于山东省的实证检验[J]. 经济论坛，2010（2）.

［112］罗遐. 政府行为对农民参保选择影响的实证分析——基于新农保试点的调查[J]. 山东大学学报（哲学社会科学版），2012（2）.

［113］郑军，张海川. 我国农村社会养老保险覆盖率的实证考察与政策建议[J]. 保险研究，2012（2）.

［114］叶中华，张福顺. 中国城镇养老保险制度的覆盖率分析[J]. 中国劳动关系学院学报，2013（3）.

［115］段程遥. 影响我国养老保险覆盖率的因素的实证分析[J]. 湖南城市学院学报，2013（6）.

［116］肖锦生. 城乡居民养老保险覆盖率影响因素的实证分析——以福建省为例[J]. 青岛农业大学学报（社会科学版），2014（2）.

［117］吕惠娟，刘士宁. 我国养老保险制度的覆盖面问题研究[J]. 特区经济，2016（6）.

［118］吴丽萍，宁满秀. 城镇职工基本养老保险覆盖率影响因素分析[J]. 发展研究，2016（3）.

［119］彭浩然，陈华. 我国养老保险个人账户"空账规模"变化趋势分析[J]. 统计研究，2008（6）.

［120］穆怀中. 老年社会保障负担系数研究[J]. 人口研究，2001（7）.

［121］孟庆平. 人口老龄化与中国养老保险制度改革[J]. 山东财政学院学报，2007（3）.

［122］刘洪银. 人口抚养比对经济增长的影响分析[J]. 人口与经济，2008（1）.

［123］蒋筱江，王辉. 养老保险基金收支平衡的影响因素分析[J]. 开发研究，2009（2）.

［124］路锦非. 合理降低我国城镇职工基本养老保险缴费率的研究——基于制度赡养率的测算[J]. 公共管理学报，2016（1）.

［125］景天魁. 底线公平与社会保障的柔性调节[J]. 社会学研究，2005（1）.

［126］景天魁，杨建海. 底线公平和非缴费型养老金：多层次养老保障

体系的思考[J]. 学习与探索，2016（3）.

［127］周世军. 城乡二元体制藩篱为何难以打破——基于制度经济学的一个理论阐释[J]. 理论月刊，2017（1）.

［128］王誉霖，殷宝明. 国民养老金制度的可行性研究——基于财政负担规模的测度[J]. 社会保障研究，2015（1）.

［129］肖严华，左学金. 全国统筹的国民基础养老金框架构建[J]. 学术月刊，2015（5）.

［130］曹信邦，何慧婷. 中国国民年金的财政支持力度分析[J]. 经济视角（上），2012（6）.

［131］刘锋. 日本的社会保障制度——以国民养老金为中心[J]. 国外理论动态，2008（1）.

［132］武琼. 从英国养老金制度演进看政府责任变迁[J]. 中国财政，2011（1）.

［133］张乐川. 公共养老保险制度改革困境的探讨——基于日本国民年金基金的分析[J]. 现代日本经济，2016（3）.

［134］孙博，安华. 澳大利亚"安全和可持续"的国民养老金改革及启示[J]. 社会保障研究，2011（4）.

［135］李磊. 社会保障权的宪法保护问题研究[J]. 河北法学，2009（10）.

［136］郝勇，周敏. 基本养老保险三方缴费分担比例改善与前瞻[J]. 改革，2011（6）.

外文文献：

［1］Riikka Sievänen, Hannu Rita, Bert Scholtens.The Drivers of Responsible Investment: The Case of European Pension Funds[J].Journal of Business

Ethics, 2013 (1):137-151.

[2] Seiichi Inagaki. The Effects of Proposals for Basic Pension Reform on the Income Distribution of the Elderly in Japan [J].Rev Socionetwork Strat, 2010(4):16.

[3] R.F.Disney.Crises in Public Pension Programmes in OECD: What Are the Reform Options? [J].Economic Journal, 2000(11):46.

[4] Roman Raab.Financial Incentives in the Austiran PAYG-pension system:micro-estimation[J]. Empirica,2011(8): 231-257.

[5] Turner John.Social Security in Asia and the Pacific: A Brief Overview[J]. Journal of Aging & Social Policy,2002(8):95-104.

[6] Kemnitz Alexander ,Berthold Wigger.Growth and Social Security:The Role of Human Capital[J].European Journal of Political Economy, 2000(16):73-83.

[7] Sam Wai-Kam Yu.Pension Reforms in Hong Kong:Using Residualand Collaborative Strategies to Deal With the Government's Financial Responsibility in Providing Retirement Protection[J]. Journal of Aging & Social Policy, 2008 (4):49-51.

[8] Yu Guo, Mo Tian, Keqing Han, Karl Johnson, Liqiu Zhao.What Determines Pension Insurance Participation in China?Triangulation and the Intertwined Relationship among Employers,Employees and the Government[J]. The International Journal of Human Resource Management,2016(18):142-160.

[9] Elinor Ostrom.Background on the Institutional Analysis and Development Framework[J]. Policy Studies Journal,2011(3):8.

[10] Mark W. Frazier.Socialist Insecurity: Pensions and the Politics of Uneven Development in China [M]. Ithaca: Cornell University Press,2010:37-38.

[11] David Osborneand Peter Plastrik. Banishing Bureaucracy: The Five Strategies for Reinventing Government[M]. New York:the Penguin Group,

1997:3.

[12] Neil Gilbert.Changing Patterns of Social Protection[M].NewBrunswick: Tran-saction Publisher, 2003:2-5.

[13] Anthony Giddens.The Third Way: The Renewal of Social Democracy[M]. England:Polity Press,1998:12.

[14] Robert Walker. Social Security and Welfare: Concepts and Comparisions[M].Open University Press,2005:14.

[15] Jonathan G.S. Koppell.Pathologies of Accountability:ICANN and the Challenge of Multiple Acountabilities Disorder[J].Public Administration Review, 2005(10):196.

[16] Roborts S.et al.Assessing the Coverage Gap ISSAS Initiative Findings & Opinions[J].GenevaLo, 2004(12):103.

[17] Gosta Esping-Andersen.The Three Worlds of Welfare Capitialism[M]. Polity Press ltd,1990:55.

[18] Radin,Beryl Aand Barbara S.Romzek.Accountability Expectationas in an Intergovernmantal Arena: The National Rural Development Partnership[J]. Publius,1996(2):61.

[19] Robert D.Behn.Rethingking Democratic Accountability[M].Brookings Institution Press,2001:6.

[20] Romzek, Barbara S.Where the Buck Stops:Accountability in Reformed Public Organization in Patricia[M].San Francisco:Jossey Buss,1998:197.

[21] Peter Barberis. The New Public Management and a New Acountability[J]. Public Administration, 1998(8):46.

[22] KevinP.Kearns.Accountability in a Seamless Economy[M].Handbook of Public Administration SAGE Publicationa,2003:58.

[23] Bryan Christopher J., Hershfield Hal E.You Owe It to Yourself: Boosting

Retirement Saving with a Responsibility-based Appeal[J].Journal of Experimental Psychology: General,2011:429-432.

[24] Bryane Michael.Implications of Social Responsibility Investment for Pension Funds in Turkey[J].International Journal of Islamic and Middle Eastern Finance and Management,2009(2): 105-119.

[25] Huppe, Gabriel A., Hebb, Tessa. The Virtue of CalPERS Emerging Equity Markets Principles [J].Journal of Sustainable Finance & Investment,2011(1):153.

[26] Tylor Garacci,Brian H.Kleiner. New Development Sconcerning Employee Benefits and Pensions[J]. Management Research News, 2003 (26):108.

[27] Steinberg Allen, Lucas Lori.Shifting Responsibility to Workers: The Future of Retirement Adequacy in the United States[J].Benefits Quarterly,2005(4):15-26.

[28] Diamond, P.A.Framework for Social Security Analysis[J].Journal of Public Economies, 1997(8):905-926.

[29] Kemnitz, Alexander Wigger,Berthold U.Growth and Social Security:The Role of Human Capital[J].European Journal of Political Economy, 2000 (16): 73-83.

[30] Elaine Fultz.Pension Reform in the EU Accession Countries: Challenges. Achievements and Pitfalls[J].International Social Security Review, 2004 (2):86.

[31] Yermo,Juan.The Contribution of Pension Funds to Capital Market Development in Chile[M].Oxford Univ and OECD, 2005:59.

[32] Christerl Gillerand Antoine Parent.Active Aging and Pension Reform:The Genderimplications in France[J].Gender Issues Winter, 2006(8):65-89.

[33] T.Scott Findley Frank N.Caliendo.The Behavioral Justification for Public

Pension:A Survey[J]. JEcon Finan,2008(32):40–42.

[34] Davis E.,Hu Y. Is There a Link Between Pension–fund Assets and Economic Growth? A Cross–country Study[J].Working Paper,London:Economics and Finance Working Papers,Brunei University,2004(4):23.

[35] Christophe Hachon. Do Beveridgian Pension Systems Increase Growth? [J]. Popul Econ, 2010(23):825–831.

[36] Tim Buyse，Freddy Heylen. Renaat Van De Kerckhove.Pension Reform，Employment by Age and Long–run Growth[J].Popul Econ, 2013(26):76–80.

[37] Kathrin Dumman.What determines the Demand for Occupational Pensions in Germany?SOEP Papers on Multidisciplinary Panel Data Research[R]. Working Paper, 2013:95.

[38] Ayede Y. Aggregate Consumption Function and Public Social Security:The First Series Study for a Developing Country[J].Turkey Applied Economics,2008(14):180–182.

[39] Richard Herd.Overall Inequality Has Ceased to Increase in Recent Years, and May Even Have Inched Down.A Pause in the Growth of Inequality in China?[J].OECD Economics Department Working Papers,2010(4): 6–34.

[40] Bardhan P.Decentralization of Government and Development[J]. Journal of Economic Perspectives, 2002(4):185–205.

[41] Hao R.Wei Z.Fundamental Causes of Inland–coastal Income Inequality in Post–reform China[J]. The Annals of Regional Science,2010(1):181–206.

[42] Zvi Bodie.Managing Pension and Retirement Assets: An International Perspective[J].Journal of Financial Services Research,1990(4):419–460.

[43] Gough O.,Theophilopoulou A.,Adam R.The Effect of Labour Earnings on Post Retirement Income[J].Journal of Economic Studies,2013(3):283–297.

［44］Coman E.E.Notionally Defined Contributions or Private Accounts in Eastern Europe:A Reconsideration of a Consecrated Argument on Pension Refrom[J].Comparative Political Studes, 2011(7):84-90.

［45］Baluzs E.The Impact of Changes in Second Pension Pillars on Public Finance in Central and Eastern Europe: The Cause of Poland[J].Economic Systems,2013(3):73-91.

［46］Okumura T.,Usui E.The Effect of Pension Reform on Pension-benefit Expectations and Savings Decision in Japan[J].Applied Economics,2014(16):167-169.

［47］Deborah Roseveare.Willi Leibfritz,Douglas Fore,Eckhard Wurzel.Ageing Populations,Pension Systems and Government Budgets:Simulations for 20 OECD Countries[M].OECD Publishing,1996: 52.

［48］Hans Werner Sinn.The Value of Children and Immigrants in a Pay-as-you-go Pension System[M].National Bureau of Economic Research,1997:89.

［49］Feldstein M. S.Ranguelova E. Individual Risk in Investment-Based Social Security System[J].American Economic Review,2001(4):116-125.

［50］Dang T. T.,Antolin P,Oxley H.Fiscal. Implication of Aging:Projection of Age-Relation Spending. OECD Economic Department Working Paper[M].Paris:Organisation for Economic Co-operation and Development ,2001:31.

［51］Calvo E.Willamson J B. Old-Age Pension Reform and Modernization Pathways:Lessons for China from Latin American[J].Journal of Aging Studies,2008(22):74-87.

［52］Holzman.Political Sustainability and the Design of Social Insurance[J]. Journal of Public Economics, 2001(10):121.

［53］Andrew A. Luchak, Tong Fang, Morley Gunderson.How Has Public Poling

Shaped Define-benefit Pension Coverage in Canada?[J].Journal of Labor Research,2004(3):14.

[54] Rafael Rofmann and Leonardo Lucchetti.Pension Systems in Latin America: Concepts and Measurements of Coverage[J].World Bank Social Protect Discussion Paper,2006(6) :16.

[55] Bellettini,Giorgio Ceroni,Carlotta.Social Security Expenditure and Economic Growth: An Empirical Assessment[J].Research in Economics, 2000(3): 249-275.

[56] Emmerson C.,S.Tanner.A Note on the Tax Treatment of Private Pensions and Individual Savings Accounts[J].Fiscal Studies, 2002(3): 65-74.

[57] Elaine Fultz.Pension Reform in the EU Accession Countries: Challenges. Achievements and Pitfalls[J].International Social Security Review, 2004 (2):100.